NE PLEURE PLUS, BÉBÉ !

CLAUDE-SUZANNE DIDIERJEAN-JOUVEAU

NE PLEURE PLUS, BÉBÉ !

jouvence
EDITIONS

De la même autrice aux Éditions Jouvence

Développer l'empathie chez les enfants
Petit guide à l'usage des nouveaux parents
Pour une parentalité sans violence
Le Cododo : pourquoi, comment
Allaiter plus longtemps
Ma première année avec bébé : l'album tendresse de la jeune maman
L'Allaitement maternel
Petit guide de l'allaitement pour la mère qui travaille

Catalogue gratuit sur simple demande

ÉDITIONS JOUVENCE
Suisse : Route de Florissant, 97 – 1206 Genève
France : BP 90107, 74161 Saint-Julien-en-Genevois Cedex
Site Internet : **www.editions-jouvence.com**
E-mail : info@editions-jouvence.com

ISBN : 978-2-88953-369-5

Dessin de couverture : Aurélie de La Pontais
Maquette de couverture : Antartik
Couverture : Éditions Jouvence
Mise en pages : SIR

Sommaire

Il s'appelait Apoutsiak, le petit-flocon-de-neige.
Il était rond, doré et beau.
Bien au chaud dans le dos de sa mère, il dormait.
Au réveil, il souriait, tout frais comme un petit flocon
et, dans le fond de ses yeux noirs,
des étoiles brillaient.
Jamais il ne pleurait.
Tout juste s'il réclamait à boire.
Il tétait les yeux fermés et, du bout des doigts,
caressait le cou de sa mère.
Quand il avait bien bu et que son petit ventre rond
chantait de bien-être, il jouait.
Il tirait les moustaches des phoques que son père
ramenait de la chasse, ou tendait les mains
vers les flammes de la lampe.
Puis il s'endormait, souriant aux anges
(aux anges esquimaux, naturellement).

Apoutsiak, le petit flocon de neige,
histoire esquimaude racontée et illustrée
par Paul-Émile Victor,
Albums du Père Castor, Flammarion, 1948

Introduction

Chez nous, en Occident, le mot « bébé » est facilement associé à cris, pleurs, quand ce n'est pas braillements… On pense soit que c'est pénible pour tout le monde[1], mais qu'on n'y peut rien, si ce n'est attendre que ça passe ; soit que les cris des bébés, ce n'est pas grave (voire, c'est bon pour eux).

Dans d'autres cultures, au contraire, un bébé qui pleure, c'est à prendre au sérieux. Tout est fait pour éviter ces pleurs. Et, de fait, les anthropologues et les voyageurs se sont toujours étonnés de ne pratiquement jamais entendre de pleurs de bébés chez les autochtones du Grand Nord, les Amérindiens, en Inde, à Bali…

Ces peuples ont-ils un secret ?

1. Qui n'a pas appréhendé de longues heures de voyage en train ou en avion, en voyant un bébé à quelques sièges du sien ?

Oui, et il tient en deux mots : *maternage proximal*. C'est-à-dire un ensemble de pratiques (allaitement à la demande et prolongé, portage intensif, sommeil partagé…) qui, en répondant aux besoins fondamentaux du bébé, lui évitent d'avoir à manifester par des pleurs le malaise que lui causerait la non-satisfaction de ces besoins.

Le livre que vous avez dans les mains se situe clairement dans la ligne de défense de ce maternage proximal. Et il est sans ambiguïté sur le sujet des pleurs.

Non, les pleurs des bébés[2] ne sont pas « bons » pour eux. Ils peuvent même être carrément nuisibles, comme le montrent nombre d'études dont on parlera plus loin.

Non, les bébés n'ont pas « besoin » de pleurer.

---

2. À noter qu'on parlera dans ce livre des bébés et bambins avant l'avènement du langage. C'est en effet à cette période que les cris sont le plus un appel, l'expression d'un besoin, d'autant que le bébé n'a alors souvent que ce moyen pour communiquer.

Oui, la plupart des pleurs sont évitables.

Évitables si l'on répond aux besoins du bébé avant qu'il ait besoin de recourir aux pleurs pour les signaler.

Évitables ou consolables : si le bébé pleure quand même, on dispose de beaucoup de moyens simples pour l'apaiser et le consoler.

Et si, malgré tout, le bébé pleure et qu'on n'arrive pas à le consoler, on peut se dire qu'il a peut-être une raison de pleurer qu'on n'a pas décelée[3]. Et sinon, lui dire qu'on est désolé pour lui de ne pas comprendre ce qu'il lui faudrait pour ne plus pleurer (et non pas lui dire qu'il a sans doute « besoin » de pleurer pour « décharger » je ne sais quoi…).

---

3. Je pense par exemple aux bébés souffrant d'un vrai reflux gastro-œsophagien (à ne pas confondre avec de banales régurgitations) non diagnostiqué ou mal traité.

Chapitre 1

Les pleurs des bébés : ce qu'ils ne sont pas (en tout cas pour moi !) et ce qu'ils sont

De façon plus ou moins sophistiquée, un certain nombre de personnes soit soutiennent que les cris des bébés ont leur utilité, soit conseillent de les ignorer en les traitant de « caprices ».

Quels sont leurs arguments et ceux-ci ont-ils une quelconque validité ?

« Bons pour les poumons » ?

Cela a été dit pendant longtemps. Dans un manuel de puériculture anglais de 1912, on pouvait lire par exemple : « *Ces vociférations obligent les enfants à renforcer leurs poumons et à faire travailler leurs organes respiratoires.* »

Même si on l'entend plus rarement de nos jours, des grands-mères ou des voisines peuvent encore le dire, à lire les messages sur certains forums Internet. Et sur OneStepAhead, un site US marchand d'articles de puériculture, il est écrit : *« Dans les premières semaines, les cris aident les poumons de votre bébé à rester en bonne santé. Après tout, les bébés n'ont pas beaucoup d'activité physique, et les cris ouvrent les alvéoles* (air sacs) *dans les poumons. On pourrait dire que crier est le sport* (workout = *séance d'entraînement) de votre bébé»*!

Une mère s'est même fait dire par un kiné qu'un bébé qui ne crie pas suffisamment risque une bronchiolite, car ses alvéoles pulmonaires ne vont pas se déployer correctement!

Nul besoin de dire que ces assertions ne reposent sur aucune base physiologique : chez des enfants nés à terme et en bonne santé, les poumons sont parfaitement fonctionnels dans les trente minutes qui suivent la naissance[4].

Et le premier cri ?

Le cri que pousse le bébé en naissant correspond à la première respiration, au déploiement des alvéoles pulmonaires. Il est donc considéré comme un signe de bonne santé[5] et encouragé.

...

4. Klaus M et al, « Lung volume in the newborn infant », *Pediatrics,* 1962, 30(1) : 111-16.

5. Au point qu'un nouveau-né qui crie vigoureusement se voit attribuer d'office deux points supplémentaires à son

…

Mais est-il absolument indispensable ? Les nouveau-nés qui ne crient pas à la naissance sont-ils nécessairement à risque ? Faut-il les faire crier ? Rappelons qu'à une époque pas si lointaine, on suspendait le nouveau-né par les pieds et on le fessait, dans le but d'obtenir ce premier cri.

Pour certains, comme le Dr Delassus, ce cri est en fait l'appel au secours d'un être tombant dans le vide, la pesanteur, le froid, un espace sans limites…, et qui a donc bien besoin qu'on lui redonne sans tarder un contenant chaud et vivant en le posant sur le corps de sa mère.

Pour d'autres, c'est le fait de clamper le cordon ombilical trop vite qui oblige le nouveau-né à prendre brutalement une inspiration pour ne pas étouffer. Tant que le cordon bat, le bébé est oxygéné. S'il est conscient, rose, les yeux vifs, rien ne sert de se précipiter pour couper. Il va commencer à respirer doucement, calmement, sans crier.

Et comme l'écrit le Dr Sears, *« la croyance erronée comme quoi pleurer est sain survit encore*

…

Apgar (qui mesure son bon état à la naissance), un point pour un « cri faible » et zéro point pour pas de cri…

…

aujourd'hui dans les échelles du score d'Apgar, un test que les médecins utilisent pour évaluer rapidement l'état d'un nouveau-né dans les premières minutes après sa naissance. Les bébés obtiennent deux points supplémentaires pour "cris vigoureux". Je me souviens avoir réfléchi sur ce concept au milieu des années 1970 alors que j'étais directeur d'une pouponnière dans un hôpital universitaire, avant même de devenir le père d'un bébé aux besoins intenses, ce qui a fait de moi un ferme opposant du "laissez-les pleurer". Il me semblait que donner des points pour des cris était insensé physiologiquement. Le nouveau-né dans un état de veille calme, respirant normalement, et en fait plus rose que l'enfant qui pleure, perdait des points au score d'Apgar !»[6]

Des « pleurs de décharge » ?

Et puis, il y a ceux qui pensent que, par leurs cris, les bébés expriment des choses profondes (par exemple le traumatisme de leur

6. *Sept choses que les parents doivent savoir à propos des pleurs des bébés,* https://www.lllfrance.org/vous-informer/fonds-documentaire/autres-textes/1508-les-pleurs-de-bebe-par-le-dr-sears

naissance) – ce qui peut être vrai – et qu'il ne faut surtout pas les empêcher de s'exprimer en apaisant ces cris.

C'est notamment le cas d'Aletha Solter, dont les ouvrages[7] séduisent nombre de parents désemparés devant les cris de leur bébé.

S'appuyant sur les études faites chez les adultes qui montrent les conséquences nocives de la répression des sentiments et émotions (maladies psychosomatiques, dépressions…) et au contraire le caractère bénéfique et relaxant de « laisser couler ses larmes », elle conclut que tout ce qui est fait pour calmer les pleurs essentiels du bébé (mettant dans le même sac la tétée au sein, la sucette, le bercement, l'offre de nourriture, etc.) constitue ce qu'elle appelle un « mécanisme de contrôle », à bannir absolument.

---

7. *Bien comprendre les besoins de votre enfant*, Éditions Jouvence, 2015 ; et *Pleurs et colères des enfants et des bébés*, Éditions Jouvence, 2015.

Même s'il existe sans aucun doute des cris servant à décharger la tension, la colère, le chagrin…, qu'il peut être impossible – voire effectivement nuisible – de vouloir empêcher à tout prix, j'estime très dangereux de suivre Aletha Solter dans son raisonnement, qui est que tous les bébés ont de bonnes raisons de pleurer (elle écrit elle-même que *« tous les enfants ont probablement besoin de pleurer chaque jour, même s'ils sont très bien traités »*). L'étape suivante du raisonnement étant bien sûr de penser qu'un bébé qui ne pleure quasiment jamais est en danger, car il doit être bardé d'« automatismes de contrôle » qui peuvent le mener… à l'autisme !

Laisser pleurer (même en tenant l'enfant dans les bras), voire provoquer les pleurs[8], et penser que cela est bon, ce n'est jamais qu'une sorte de sadisme enrobé de justifications pseudo-scientifiques.

---

8. J'ai par exemple entendu Aletha Solter recommander à des parents dont le bébé pleurait quand on touchait sa tête (il était né par forceps ou ventouse) de lui appuyer systématiquement sur le crâne tous les jours afin qu'en pleurant il « décharge » le traumatisme de sa naissance.

Pleurs ou cris ?

Quand on dit d'un bébé qu'il pleure, est-ce qu'il pleure vraiment ? A-t-il des larmes ? Pas les tout premiers temps, en tout cas. Plus que de pleurs, il s'agit de cris. Cela peut sembler anodin comme différence. Mais quand on sait que certains arguent du bienfait des larmes (leur composition chimique) pour dire qu'il ne faut surtout pas empêcher les bébés de pleurer…

Une façon de participer à la douleur du Christ ?!…

Très peu connue en France, la méthode Ezzo a fait pas mal de dégâts aux États-Unis et ailleurs, et continue à en faire[9].

Pour Gary et Anne Marie Ezzo, il faut laisser les bébés pleurer dans leur lit pour qu'ils fassent l'expérience de périodes de solitude. De toute façon, tout cri est passager (« durant de

9. Si l'on en croit le site des Ezzo, leur méthode, telle que décrite dans leur livre *On becoming babywise,* serait suivie par plus de deux millions de parents de par le monde…

5 à 45 minutes» quand même, et ils écrivent ailleurs qu'*« il n'y a pas de limite particulière à la durée normale des pleurs »*). Et, de toute façon, *« crier pendant 15 à 20 minutes, voire 30 minutes, n'a jamais fait de mal à un bébé, que ce soit physiquement ou émotionnellement »*.

En outre, en criant, les bébés participeraient à la douleur du Christ sur la croix, selon le raisonnement tordu suivant : de même que Dieu n'a pas répondu à Jésus quand celui-ci a crié *« Mon Dieu, mon Dieu, pourquoi m'as-tu abandonné ? »*, de même les parents ne doivent pas répondre aux cris de leur bébé, pour son bien futur[10] !

Dans cette optique, il ne faut surtout pas allaiter les bébés à la demande, mais respecter des intervalles de trois heures ou trois heures et demie entre les tétées dès la naissance, et supprimer les tétées de nuit à 8 semaines.

---

10. *Preparation for parenting, Bringing God's Order to Your Baby's Day and Restful Sleep to Your Baby's Night*, Gary and Anne Marie Ezzo, 5e edition, 1997 : *« Dieu merci, le Père n'est pas intervenu quand son Fils l'a appelé sur la croix. »*

À mesure que la méthode se répandait aux États-Unis, les pédiatres ont vu apparaître des bébés ne prenant pas de poids, des cas de déshydratation, des manques de lactation, des sevrages précoces non voulus…

Selon cette « méthode », il ne faut pas non plus « trop » porter l'enfant, en particulier dans un porte-bébé, car cela pourrait contrarier son bon développement.

Sans aller jusqu'à ces délires pseudo-religieux, il existe chez certains une vision de la vie comme une « vallée de larmes » où chacun doit « porter sa croix », vision qui justifie de laisser pleurer les bébés dans le but de les « endurcir » en prévision des épreuves qui les attendent.

Des « caprices » ?

Il y a chez nous une très longue tradition de considérer les pleurs des bébés comme des « caprices » avec lesquels ceux-ci « manipulent » les adultes, et qu'il faut donc mater au plus vite.

Ainsi, dans *La Nouvelle Héloïse*, Jean-Jacques Rousseau écrit : « *Il faut savoir déceler les intentions de l'enfant, reconnaître pourquoi il pleure, rester indifférent aux pleurs qu'il verse par habitude ou par obstination ; il ne faut pas céder à certaines larmes pour que l'enfant ne contracte pas la mauvaise habitude de laisser libre cours à ses caprices.* »

Aux États-Unis, le Dr Luther Emmett Holt écrivait à la fin du XIXe siècle, dans son best-seller *The Care and Feeding of Children*[11] : « *Que faire d'un bébé qui pleure par tempérament, par habitude ou par caprice ? Tout simplement le laisser pleurer (*cry-it-out*). Cela pourra durer une heure et, dans certains cas, deux ou trois heures. La seconde fois, le combat* (struggle) *durera à peine plus de dix ou quinze minutes, et il y aura rarement de troisième fois.* » Ce genre de conseils se retrouvera dans d'innombrables manuels de puériculture ultérieurs.

11. La bible de la puériculture à l'époque. D'ailleurs sous-titré : *A Cathechism for the Use of Mothers and Children's Nurses* (1894) !

Dans les années 1930, une revue familiale française enjoignait : « *La mère devra résister aux premiers caprices du tout-petit – ne pas le prendre dans les bras chaque fois qu'il crie.* »[12]

Une enquête de l'organisation Zero to Three[13] a montré qu'une proportion significative de parents croient toujours qu'un nourrisson très jeune, dans les premiers mois de la vie, ne devrait pas être porté quand il pleure, car cela risque de le « gâter » ; que si l'on répond à ses demandes, il va pleurer de plus en plus pour être porté, demander de plus en plus d'attention et de soins, et transformer ses parents en esclaves (on verra plus loin que les études montrent exactement l'inverse).

J'aime beaucoup la façon dont Deborah Jackson règle son compte à cette idée[14] : « *Lorsque vous satisfaites l'une des demandes fondamentales de votre bébé, vous rétablissez son*

---

12. *La Revue de la famille,* n° 95, 1er février 1935.
13. www.zerotothree.org
14. *Lorsque bébé pleure. 10 règles pour apaiser les angoisses du nourrisson et de ses parents,* Pocket, 2006.

harmonie. Il ne se réjouit pas de sa victoire, il ne comprend pas que vous avez consenti un sacrifice, il ressent simplement une sorte d'épanouissement. Faire un don à son bébé, c'est comme remplir le réservoir de votre voiture. Sa survie dépend de votre générosité. Et il a besoin que vous fassiez le plein un nombre incalculable de fois avant d'être capable de se débrouiller tout seul. »

Les pleurs dans l'histoire et dans les autres cultures

Dans la plupart des cultures traditionnelles, il est rare d'entendre les bébés pleurer : on répond systématiquement aux pleurs, voire on les prévient par toutes les pratiques de maternage « proximal » (allaitement à la demande, portage intensif, bercement…)[15].

Laisser un bébé pleurer est considéré comme cruel, voire dangereux. Car on craint en général deux choses :

15. Voir *Les Rituels du coucher de l'enfant. Variations culturelles,* sous la direction d'Hélène Stork, ESF éd., 1993.

- que les pleurs signifient que le bébé ne se sent pas bien traité dans la famille où il vient d'arriver et qu'il peut être tenté de repartir d'où il vient,
- ou que ses cris attirent les esprits mauvais qui pourraient venir le voler.

Dans les deux cas, cela pourrait donc entraîner la mort de l'enfant.

Ainsi, chez les Moose du Burkina Faso, on craint qu'à travers les pleurs du bébé ne s'établisse une communication entre l'enfant et ses parents mythiques (les « parents de la cour de Dieu ») et que l'enfant soit alors attiré dans l'au-delà[16].

Au Sénégal, en milieu peul-pulaar, *« les pleurs du bébé, compris comme l'expression de la "perte du paradis perdu" et considérés comme un*

16. Catherine Rollet et Marie-France Morel, *Des bébés et des hommes,* Albin Michel, 2000. Elles citent Doris Bonnet, « *L'éternel retour ou le destin singulier de l'enfant* », *L'Homme*, 1994, 34(3) : 96.

appel, doivent toujours recevoir une réponse »[17]. Une mère raconte : « *La première semaine de sa naissance, si un bébé pleure, on dit qu'il se protège contre les esprits qui veulent le rendre fou ou le faire mourir, et la mère doit rester en éveil pour le surveiller.* »

Dans l'Inde traditionnelle, *« il est prescrit de ne pas laisser pleurer le nourrisson car cela le rendrait fragile et plus vulnérable aux attaques d'esprits malfaisants ou "saisisseurs", tels les graha. La plupart des textes médicaux traditionnels consacrent un chapitre aux maladies de l'enfant attribuées à ce type de possession »*[18].

Pour éviter que l'enfant pleure, en plus des pratiques de maternage, on utilise un peu partout des rituels « magiques » et différentes amulettes. « *Lorsqu'un enfant chinois pleure la nuit, une formule magique est écrite sur du papier*

---

17. Oumou Diodo Ly, « Le bébé africain : du dos de la mère aux bras des substituts », in *Les Rituels du coucher de l'enfant*, ESF éd., 1993.
18. Hélène Stork, A. Murugaiyan, « Bercements et berceuses au pays tamoul », in *Les Rituels du coucher de l'enfant*, ESF éd., 1993.

jaune. Pour qu'elle produise son effet, il faut l'afficher dans la rue, à minuit, sans témoins. »[19]

Dans la France ancienne également, on ne laissait pas les bébés pleurer, de peur que *« trop de pleurs suscitent des convulsions »*, la maladie la plus redoutée de la petite enfance à cette époque[20].

Et n'oublions pas qu'il fut un temps où les pleurs du bébé pouvaient effectivement attirer non pas des « esprits » mauvais, mais bien des prédateurs animaux. Et qu'il y a des cas où ils peuvent attirer des prédateurs humains et mettre en danger la survie de tout un groupe. On connaît des situations où le fait de pouvoir donner le sein à un bébé a empêché que le groupe où il était soit découvert : pouvoir empêcher un bébé de pleurer peut être dans certains cas une question de vie ou de mort.

---

19. Béatrice Fontanel et Claire d'Harcourt, *Bébés du monde,* La Martinière, 1998, réédité en 2006.
20. Drina Candilis-Huisman, « Bercer l'enfant qui pleure. Pratiques de consolation et d'apaisement dans la France ancienne », in *Les Rituels du coucher de l'enfant,* ESF éd., 1993.

Comme l'écrit Robert Wright[21], *« peut-être bien que le cerveau des bébés a été façonné par des millions d'années de sélection naturelle où les mères dormaient avec leurs bébés. Peut-être bien qu'autrefois, si un bébé se retrouvait tout seul la nuit, c'était souvent très mauvais signe (la mère pouvait avoir été dévorée par une bête sauvage, par exemple). Peut-être bien que le cerveau des tout-petits est programmé pour réagir à cette situation en hurlant, de sorte que toute personne proche l'entende et puisse le trouver. Bref, peut-être bien que si les enfants laissés seuls semblent terrifiés, c'est tout simplement parce qu'ils sont vraiment terrifiés »*.

Le cri est un appel, un langage

D'un point de vue anthropologique, le cri du bébé est fait pour signaler à l'adulte un besoin quelconque (faim, froid, chaud, etc.) ou un malaise (sentiment d'abandon, peur, etc.).

C'est également vrai pour les cris des animaux qui sont considérés par la plupart des gens

21. *Time*, 14 avril 1997.

comme des appels, voire un langage. Le Dr Jack Newman, spécialiste mondialement connu de l'allaitement, écrit avec beaucoup de bon sens[22] : « *En plusieurs occasions, j'ai vu des chiens attachés à des arceaux à vélos et à des lampadaires pendant que leurs maîtres étaient en train de faire les courses, à la bibliothèque ou occupés autrement. Le chien se plaint, gémit, pleure, et des gens qui ne connaissent pourtant pas le chien viennent le voir, le caressent, et même l'étreignent pour le consoler. Certaines personnes qui vous disent de laisser pleurer votre bébé sont probablement des consolateurs de chiens… Pourquoi les gens perçoivent-ils les gémissements du chien comme étant un signal qui dit que le chien a besoin d'être réconforté et qu'ils doivent y répondre, mais n'ont pas la même attitude face aux pleurs d'un bébé ?* »

Un tout petit bébé n'a pas encore la parole pour signaler ses besoins. Il n'a même pas encore la possibilité de faire des gestes, comme par exemple montrer du doigt. Le cri est donc bien son principal moyen d'attirer l'attention de l'adulte pour lui signaler que quelque chose

---

22. *L'Allaitement, comprendre et réussir avec Dr Jack Newman*, Jack Newman Communications, 2006.

ne va pas ou qu'il a besoin de quelque chose (même si un maternage très « proximal » peut permettre au parent de reconnaître des signaux subtils et éviter que le bébé en arrive à crier).

D'ailleurs, l'adulte est « programmé » pour répondre à ces cris. Le stress qu'ils génèrent en lui augmente sa tension artérielle, sa transpiration et son rythme cardiaque, fait se contracter ses muscles, et il n'a qu'une envie : résoudre le problème pour les faire cesser. Lorsqu'une mère qui allaite entend son bébé pleurer, la circulation sanguine augmente dans ses seins, s'accompagnant d'une impulsion biologique à « prendre dans les bras et nourrir ».

Peut-on différencier les pleurs ?

On lit très souvent dans les manuels de puériculture qu'au bout d'un certain temps, les parents deviennent capables de différencier les pleurs de leur bébé, selon qu'ils sont causés par la faim, la fatigue, la douleur, etc.

Est-ce vrai ? Pour avoir posé la question à pas mal de mères, je peux dire que beaucoup avouent ne

...

...

pas y arriver. Je dis bien « avouent » car, ayant lu dans les manuels qu'elles devraient pouvoir le faire sans problème, elles ont du mal à admettre qu'elles n'y arrivent pas : cela ne veut-il pas dire qu'elles sont de mauvaises mères, même pas capables d'identifier la source des pleurs de leur bébé ?

Les mères qui allaitent et offrent le sein à leur bébé dès qu'il pleure sont particulièrement dans le collimateur des critiques : comment, elles donnent le sein alors qu'elles ne savent pas si c'est vraiment la faim qui fait crier le bébé ?! Ces critiques ne prennent pas en compte le fait que, justement, le sein est une réponse à de nombreux besoins du bébé, et pas seulement à son besoin de nourriture, et qu'il peut donc apaiser toutes sortes de cris, sans que la mère ait à se torturer l'esprit pour savoir pourquoi l'enfant crie.

Preuve que cette « reconnaissance » n'est pas si évidente que ça : un ingénieur en électronique catalan, Pedro Monagas, a inventé en 2003 le Why Cry, un appareil censé déterminer dans les 20 secondes si le bébé crie parce qu'il a faim, s'ennuie, est fatigué, stressé ou mal à l'aise, et ce avec une fiabilité de 98 % !

En 2013, des psychologues espagnols ont découvert que les bébés n'ouvraient pas les yeux

...

...

de la même façon selon qu'ils avaient peur, mal ou étaient en colère...

Et en 2016 est paru l'ouvrage de Priscilla Dunstan, *Il pleure, que dit-il ? Décoder enfin le langage caché des bébés*, qui se fait fort d'apprendre aux parents à reconnaître dans les cris et pleurs de leur bébé des « mots » signifiant chacun un besoin précis : mot de la faim (nèh), de la fatigue (aoh), du rot (èh), etc.

Bon, je ne dis pas qu'il est absolument impossible de savoir, même sans gadget ni méthode spéciale, pourquoi son enfant crie. Les parents finissent en effet par reconnaître la source de certains pleurs, et aussi par être alertés quand un cri diffère des cris habituels (signe de douleur aiguë, par exemple). Mais de là à penser qu'on peut à chaque fois « mettre une étiquette » sur le cri et y apporter automatiquement la réponse appropriée...

Une étude consistant à faire écouter à de jeunes mères deux enregistrements de pleurs, celui d'un bébé de 1 mois qui avait faim et celui d'un nouveau-né venant de subir une circoncision, a montré que seulement 25 % d'entre elles reconnaissaient la source des premiers (40 % les ont attribués à de la fatigue) et

...

...

40 % celle des seconds (30 % ont pensé que le bébé était effrayé ou en colère – ce qu'il était aussi sans doute…). Pas si facile de différencier les pleurs !

Ce qui est vrai, par contre, c'est qu'une mère sait très rapidement différencier les cris de son bébé de ceux d'autres enfants. Une étude faite en maternité a montré qu'après trois nuits passées dans une chambre avec d'autres mamans, une nouvelle mère sait, dans son sommeil, identifier les pleurs de son bébé.

En fait, les scientifiques estiment que les pleurs du bébé sont un signal parfait en ce qu'ils sont :

- automatiques ;
- dérangeants juste ce qu'il faut (suffisamment bruyants pour attirer l'attention de l'adulte, mais pas au point de lui donner envie de fuir) ;
- modifiables au fur et à mesure que le bébé et l'adulte apprennent à rendre le signal plus précis.

Chapitre 2

Alors, pourquoi pleurent-ils ?

Même si, comme on vient de le dire, il n'est pas évident de toujours trouver la cause des pleurs, il est quand même bon de savoir tout ce qui peut les provoquer, car cela permet le plus souvent d'y trouver un remède, voire de les prévenir.

La faim

Chez un tout-petit, la cause la plus évidente des pleurs, c'est la faim. De nos jours, on a tendance à l'oublier, car on pense que nos bébés sont tous nourris convenablement, que personne ne va affamer un bébé.

Et pourtant… Combien de nouvelles mères se voient encore enjoindre de ne donner le sein que 10 minutes toutes les trois heures ? Combien essaient de respecter cet intervalle entre deux tétées et font attendre le bébé, même s'il pleure ? Preuve que les pleurs de faim ne sont pas si rares que cela : une étude qui avait comparé un groupe de mères appartenant à La Leche League[23] et un groupe de mères standard a montré que des tétées fréquentes réduisaient de moitié le nombre d'épisodes de pleurs à 2 mois[24] (sachant aussi, comme on l'a déjà dit, que la tétée n'apaise pas que la faim).

Et une étude faite par des chercheurs de la Mayo Clinic pour identifier la cause des pleurs chez les bébés en a attribué 36 % à la faim…

Une douleur physique non reconnue, les « coliques »

Il y a sans doute beaucoup de pleurs « inexpliqués » qui s'expliquent en fait fort bien par un malaise, aigu ou diffus, d'origine physique : reflux gastro-œsophagien, otite, toux, nez bouché, muguet, érythème fessier, aphtes, infection

---

23. Association d'information et de soutien à l'allaitement maternel (www.lllfrance.org).
24. Barr R.G. & Elias M.F., « Nursing interval and maternal responsivity : effect on early infant crying », *Pediatrics*, 1988, 81(4) : 529-536.

urinaire, poussée dentaire[25], infestations par les oxyures (plus fréquentes qu'on ne le croit)…

Sans oublier les fameuses « coliques du nourrisson », qui affectent un assez grand nombre de bébés les trois premiers mois[26], y compris ceux bénéficiant d'un maternage proximal[27].

---

25. Certains médecins nient que les poussées dentaires puissent être douloureuses. Sans doute n'ont-ils jamais eu de dents de sagesse poussant à l'âge adulte…

26. Traditionnellement, on définit les coliques par la « règle des 3 » : plus de trois heures de cris par jour, plus de trois jours par semaine, pendant au moins trois semaines, au cours des trois premiers mois de la vie. Ces pleurs peuvent même dépasser les trois premiers mois. Dans une étude (Wurmser H et al, « Excessive infant crying: often not confined to the first 3 months of age », *Early Hum Dev*, 2001, 64(1) : 1-6), 21 % des enfants avaient pleuré de façon supérieure à la « normale » pendant les trois premiers mois, et les pleurs avaient persisté nettement après 3 mois chez 39,6 % de ces enfants.

27. Une étude faite chez les !Kung, un peuple de chasseurs-cueilleurs du sud de l'Afrique connu pour son maternage proximal (allaitement à la demande, portage, etc.), a montré le même nombre d'épisodes de pleurs pendant les trois premiers mois, avec un pic au deuxième mois (le fameux « pic des 6 semaines »), que chez des enfants américains ou hollandais. Par contre, la durée totale de ces épisodes était réduite de moitié (Barr RG,

On a beaucoup écrit sur les coliques du nourrisson[28], évoqué nombre d'explications, mais il faut avouer qu'elles restent un mystère. D'ailleurs, on parle désormais plus volontiers de « pleurs inexpliqués » ou de « pleurs excessifs » à propos de ces bébés qui pleurent plus longtemps que la moyenne, qui sont plus difficiles à consoler et dont les pleurs sont généralement plus forts.

Parmi les causes possibles, la plus souvent évoquée est la cause alimentaire, notamment une intolérance ou une allergie aux protéines de lait de vache. Une étude systématique de l'efficacité des mesures anticoliques[29] met en premier l'élimination des protéines de lait de vache[30].

Konner M, Bakeman R, Adamson L, « Crying in !Kung San infants : a test of the cultural specificity hypothesis », *Dev Med Child Neurol*, 1991, 33(7) : 601-10).

28. Voir la synthèse sur le sujet de Barr RG, « Colic and crying syndromes in infants », *Pediatrics*, 1998, 102(5) : 1282-86.

29. Lucassen PLBJ et al, « Effectiveness of treatments for infantile colic : systematic review », *BMJ*, 1998, 316(7144) : 1563-69.

30. Qui peut concerner également les bébés allaités, dans la mesure où certains composants de l'alimentation de la

On met également en cause l'air avalé en trop grande quantité, ou le fait, pour le bébé allaité, d'absorber trop de lait « de début de tétée », particulièrement riche en lactose, parfois mal toléré.

Autre cause « digestive » possible : une étude a retrouvé un niveau de motiline (une hormone sécrétée par l'intestin grêle qui accroît la motilité gastro-intestinale) plus élevé, et ce dès la naissance, chez les bébés souffrant de coliques[31].

Pour d'autres, les coliques ne seraient qu'une des manifestations de l'immaturité du système nerveux dans les premiers mois, et l'on devrait cesser d'utiliser le mot « coliques », avec sa connotation obligatoire de douleurs abdominales.

---

mère (et notamment des protéines bovines) peuvent passer dans son lait. Une étude a par exemple montré que les pleurs dus aux coliques diminuaient de façon substantielle si la mère adoptait une alimentation hypoallergénique (Hill DJ et al, « Effect of a low-allergen maternal diet on colic among breastfed infants : a randomized, controlled trial », *Pediatrics*, 2005, 116(5) : e709-e715.

31. Lothe L et al, « Motilin and infantile colic. A prospective study », *Acta Paedriatr Scand*, 1990, 79(4) : 410-6.

Une douleur physique provoquée et/ou non soulagée

Même s'il y a eu des progrès[32], on est encore très loin de soulager toujours adéquatement la douleur de l'enfant malade, opéré, brûlé, à qui on fait un examen douloureux, une prise de sang, un vaccin…

Une étude faite en 2003[33] a par exemple suivi pendant les quatorze premiers jours de leur séjour en néonatalogie 151 nourrissons prématurés. Chacun d'eux subissait quotidiennement une moyenne de quatorze techniques invasives, avec un pic pendant les premiers jours. 26 des 31 procédures subies étaient estimées douloureuses (plus de 4 sur l'Échelle de douleur aiguë

32. Rappelons qu'en 1987, un étude parue dans le *Lancet* avait révélé que sur plus de 500 comptes-rendus opératoires d'une opération à cœur ouvert sur des prématurés, les trois quarts ne comportaient pas de protocole anesthésique, c'est-à-dire que les bébés étaient opérés avec seulement des injections de curare destinées à les paralyser et ainsi faciliter les gestes chirurgicaux !

33. Simons SH et al, « Do we still hurt newborn babies ? A prospective study of procedural pain and analgesia in neonates », *Arch Pediatr Adolesc Med*, 2003, 157 : 1058-64.

de nouveau-né, qui va de 0 à 10). Or moins de 35 % d'entre eux bénéficiaient d'une analgésie au moins une fois par jour, et près de 40 % n'avaient jamais bénéficié d'une analgésie pendant toute la durée du suivi…

Et n'oublions pas que, dès la naissance, tout bébé subit un certain nombre d'examens et de « soins » particulièrement agressifs et invasifs, comme par exemple le passage de la sonde naso-gastrique[34].

Une couche mouillée

Dans les temps anciens, quand un bébé pleurait, on disait de vérifier s'il avait mangé, s'il était propre… et si une épingle de nourrice ne le piquait pas.

L'épingle de nourrice est maintenant rangée au magasin des antiquités, et l'on

34. Un geste pourtant non recommandé par la Haute Autorité de santé dans ses recommandations de bonne pratique pour l'« accouchement normal » (2018).

considère qu'avec les couches super/hyper-absorbantes, le bébé ne peut plus pleurer parce qu'il voudrait être changé. Pourtant, des bébés qui pleurent parce qu'ils ont fait pipi et veulent être au sec, ça existe, j'en ai rencontré !

Et l'étude de la Mayo Clinic citée plus haut attribuait 29 % des pleurs à une couche mouillée ou souillée.

C'est d'ailleurs une des raisons pour lesquelles certains parents adoptent l'« hygiène naturelle » consistant à élever un enfant sans couches[35].

Le froid, le chaud

Un bébé peut pleurer parce qu'il a froid ou chaud. Chez nous, il a plus fréquemment trop chaud que trop froid. Il suffit de se promener

35. Voir l'ouvrage d'Ingrid Bauer, *Sans couches, c'est la liberté !*, L'Instant présent, 2006, et celui de Sandrine Monrocher-Zaffarano, *La vie sans couches*, Éditions Jouvence, 2005 (épuisé).

dans n'importe quel centre commercial pour voir des bébés pleurnicher, voire hurler. La fatigue et l'ennui expliquent bien des choses, mais aussi la trop grande chaleur : le bébé est bien souvent engoncé dans une doudoune, la tête dans une cagoule, alors que la température dans le magasin est tout à fait douce et que les parents sont en bras de chemise…

Pour ce qui est du froid, pas mal de bébés n'apprécient pas du tout d'être déshabillés, savonnés, plongés dans l'eau, puis sortis brusquement de l'eau. On en conclut qu'ils n'aiment pas le bain, alors que ce sont ses modalités qu'ils n'apprécient pas.

La fatigue

Certains bébés vont pleurer de fatigue, sans arriver à s'endormir facilement. D'où l'intérêt de savoir repérer les signes indiquant que le bébé a sommeil (le plus évident : il se frotte les yeux) pour le mettre sans tarder en position de dormir (quelle que soit la façon dont on a l'habitude de l'aider à s'endormir).

L'ennui

Les bébés ne sont pas faits pour rester tout seuls dans leur chambre, couchés dans leur lit, à longueur de journée. Les bébés ainsi traités pleurent souvent, à la fois de manque de contact avec leur mère ou père, et d'ennui. Avant, éventuellement, de se résigner, ce qui n'est pas bon signe pour leur avenir…

Le défoulement de la fin de journée

Il est assez classique que les pleurs soient plus fréquents en fin de journée (on a pu chiffrer les « pleurs du soir » à 40 % des pleurs de la journée). On attribue cela à diverses raisons : peur de la nuit qui approche, accumulation des stress pendant la journée jusqu'au moment où « ça pète » (et ce d'autant plus qu'à la naissance, le système de gestion du stress est loin d'être au point), fatigue de la mère qui l'empêche de répondre au mieux aux demandes du bébé (d'autant plus si, à ce moment-là, il y a aussi les aînés pour la solliciter)…

Le non-respect des rythmes du bébé

Vouloir imposer au bébé un rythme qui n'est pas le sien, vouloir lui donner son bain « parce que c'est l'heure » alors qu'il a faim ou sommeil, vouloir le coucher alors qu'il n'a pas sommeil, devoir le réveiller pour aller chercher les aînés à l'école…, tout cela peut entraîner des pleurs, bien compréhensibles si l'on se met à la place du bébé.

Le vécu de la grossesse

Dans certains cas, il semble y avoir une corrélation entre les coliques du nourrisson et la façon dont s'est passée la grossesse. Une étude a par exemple constaté, sans trouver d'explication à la chose, qu'il y avait plus de coliques chez les bébés de femmes qui avaient passé plusieurs mois de leur grossesse alitées[36]. Les bébés de mères qui ont fumé pendant

36. Bellieni CV et al, « Ante partum bed rest and unexplained infantile crying », *Minerva Pediatr*, 2005, 57(4) : 163-6.

la grossesse sont également plus sujets aux coliques les premiers mois[37].

Une autre étude[38] a montré que les femmes enceintes qui sont stressées ou angoissées ont plus de risques d'avoir un enfant au sommeil perturbé.

Un accouchement difficile

Dans certains cas, les circonstances de l'accouchement peuvent engendrer des pleurs excessifs. Un accouchement long et difficile, une naissance prématurée… peuvent expliquer des pleurs chez le bébé.

Une extraction instrumentale (forceps, ventouse) peut avoir créé des tensions au

---

37. Reijneveld SA et al, « Infantile colic : maternal smoking as potential risk factor », *Arch Dis Child*, 2000, 83(4) : 302-3.
38. O'Connor TG et al, « Prenatal mood disturbance predicts sleep problems in infancy and toddlerhood », *Early Human Development*, July 2007, p. 451-8.

niveau du crâne (dans ce cas, une séance d'ostéopathie pourra faire des merveilles).

Une mère déprimée

Des pleurs « excessifs » peuvent être liés à des problèmes parentaux, une dépression (le lien entre le bébé et sa mère est troublé, il peut être déprimé comme elle) ou une psychose (qui rend la mère incapable de décrypter les messages de son bébé). Dans une étude faite sur près de 3 000 nouvelles mères américaines[39], celles qui souffraient de dépression étaient deux fois plus nombreuses à avoir des bébés qualifiés d'inconsolables. Et, inversement, celles qui disaient avoir des bébés inconsolables étaient deux fois plus nombreuses à montrer des signes de dépression. Dans ce cas, bien sûr, il est important de consulter et de ne pas rester seule avec son mal-être[40].

---

39. High P, « A population based survey of infant inconsolability and postpartum depression », Pediatric Academic Societies' 2006 Annual Meeting, San Francisco, May 2, 2006.
40. Depuis 2006, il existe Maman blues, association parentale de soutien et d'écoute dans le cadre de la « difficulté maternelle », www.maman-blues.fr

Le manque de maturation à la naissance

Comme je l'ai déjà expliqué dans mes livres sur le sommeil partagé et sur le portage, si on le compare à d'autres petits de mammifères, le bébé humain naît dans un état d'« inachèvement » et de prématurité très important. Les préhistoriens et les biologistes expliquent que la bipédie, en modifiant la forme de notre bassin et par conséquent le « canal de la naissance », a rendu l'accouchement plus difficile ; que, parallèlement, le cerveau de l'homme – et donc son crâne – a beaucoup grossi sans que le bassin des femmes ne s'élargisse en conséquence ; et que donc, si le bébé humain naissait au même état d'« achèvement » qu'un poulain ou une antilope (qui gambadent moins d'une heure après leur naissance), ce serait de nombreux mois plus tard. Et le cerveau ayant grossi entre-temps, la tête ne passerait jamais par les voies naturelles. Pour résoudre ce « dilemme obstétrical » et faire en sorte que les femmes puissent accoucher vaginalement, il faut donc que nos bébés naissent prématurés.

Si l'on se base sur la taille du cerveau à la naissance et celle du cerveau adulte, et qu'on rapporte ces mesures à ce qu'elles sont pour les autres mammifères, on peut dire sans se tromper que les bébés humains naissent prématurés d'environ douze mois. En effet, pratiquement tous les mammifères naissent au moment où leur cerveau atteint 80 % de sa taille adulte, alors qu'à la naissance, le cerveau humain n'a que le quart de sa taille adulte (45 % chez les chimpanzés) et qu'il atteint ces fameux 80 % environ vingt et un mois après la conception, soit douze mois après la naissance.

Cela signifie qu'il y a toute une période, s'étalant sur près d'un an, qu'on peut qualifier de « grossesse hors utérus », où le développement des systèmes nerveux, digestif, immunitaire, etc., se poursuit, et où le bébé est complètement dépendant de l'adulte pour sa survie et son bien-être (il ne peut pas se déplacer pour aller chercher sa nourriture, il ne peut pas se déshabiller s'il a trop chaud, il ne peut pas se laver s'il s'est souillé, etc.). Les anthropologues parlent d'ailleurs souvent des nourrissons comme de « fœtus *ex utero* » !

Cette immaturité explique le grand besoin de contact physique qu'ont les petits d'homme, de jour comme de nuit. Une grosse majorité des pleurs vient sans doute du fait que ce besoin n'est pas satisfait.

Le système de gestion du stress n'étant lui non plus pas encore au point, cela pourrait expliquer les pleurs du soir incoercibles : de temps en temps, la marmite explose !

D'autant que les premiers temps, le cerveau cognitif de l'enfant est loin d'être « fini », et que c'est son cerveau inférieur qui prend le dessus. Cela signifie qu'il est très vite submergé par les flux émotionnels, les peurs… (l'amygdale, dont le rôle est d'alerter le corps des dangers, est fonctionnelle dès la naissance). Ses brusques accès de colère, ses hurlements… ne sont pas des caprices, mais une conséquence de l'immaturité de son cerveau : son cerveau supérieur n'est tout simplement pas assez développé pour gérer de telles tempêtes émotionnelles.

À la naissance, les bébés doivent s'adapter à un monde totalement nouveau, et cela n'est pas évident pour eux. Ils expérimentent d'un seul coup le froid, la faim, la pesanteur…

Pour rendre compte de tout cela, j'aime bien le texte d'Ann Calandro intitulé « D'où viennent les bébés », que j'ai déjà cité dans *Pour une parentalité sans violence*, et que je remets ci-dessous.

D'où viennent les bébés

Si l'on en croit un récent best-seller, les hommes viendraient de Mars et les femmes de Vénus. Pour ce qui est des bébés, les experts pensent maintenant qu'ils viennent de quelque part près de la Voie lactée. Ce qui expliquerait que, lorsqu'ils arrivent sur Terre, ils sont affectés d'une sorte de « jetlag » cosmique et ne connaissent absolument rien des coutumes et styles de vie terriens.

Les Terriens, qu'ils soient de Mars ou de Vénus, sont très troublés de voir ces nouveaux arrivants ne pas se conduire tout de suite comme le font les Terriens adultes : manger selon un rythme terrien, dormir quand la nuit tombe, etc. Les Terriens sont très surpris de voir leurs tout-petits, naturellement synchronisés sur le temps de la Voie lactée, se

…

…

conduire d'une façon pourtant tout à fait normale pour des citoyens de la Voie lactée.

Parents terriens, notez bien : vos bébés se conduisent parfaitement normalement pour des Voie-lactiens ! Les citoyens de la Voie lactée mangent toujours toutes les deux heures. Ils dorment le jour et sont debout la nuit.

La nuit est faite pour s'amuser et rencontrer les amis. Si malgré tout, un Voie-lactien dort la nuit, il ne le fait qu'en groupe, comme les chiots, par peur du Monstre lacté qui attaque les petits Voie-lactiens quand ils sont seuls dans l'obscurité. Laissés tout seuls, ils ont peur et appellent à l'aide.

Quand ils arrivent, ils ne parlent pas un mot de français, ni d'anglais, ni d'aucune autre langue terrienne. Ils essayent de communiquer en langage voie-lactien, mais les Terriens ont beaucoup de mal à les comprendre. Parfois, au lieu de l'admettre, les Terriens préfèrent dire que c'est bon pour les poumons du Voie-lactien que de parler tout seul dans sa chambre pendant des heures.

Quand un petit Voie-lactien arrive sur Terre, il est important de comprendre d'où il vient, et de l'accueillir avec respect. Souvenez-vous qu'il a besoin de temps pour s'adapter à une nouvelle culture.

…

…

Il a besoin d'amour et de patience. Il a besoin d'être avec des Terriens qui écoutent son langage en même temps que lui essaie d'apprendre le leur.

Les nouveaux parents doivent comprendre que le petit Voie-lactien ne se réveille pas la nuit pour les rendre fous : c'est juste sa façon d'être. Un jour, il comprendra qu'être debout la nuit n'est autorisé qu'aux étudiants, aux célibataires et à ceux qui doivent travailler de nuit, comme les infirmières et les serveuses. Il apprendra à manger à des heures qui conviennent aux Terriens. Il mettra un long moment à assimiler ce concept parce que la meilleure nourriture pour le faire grandir en bonne santé, à savoir le lait vénusien, se digère très rapidement.

Si on le presse trop, le bébé voie-lactien risque de ne pas avoir confiance en sa nouvelle planète et de mettre plus longtemps à devenir un petit Terrien indépendant.

S'il a de la chance, il trouvera un foyer avec des Terriens qui apprécieront ses qualités voie-lactiennes et se réjouiront de ses premières semaines si spéciales sur Terre, quand le bébé est tout neuf. Bientôt, il deviendra un vrai Terrien, mangera comme un Terrien, dormira comme un

…

…

Terrien. Il est dangereux pour sa santé mentale et son bien-être de vouloir accélérer la transition.

Ayez confiance, ça arrivera en son temps.

Ann Calandro,
Waxhaw, Caroline du Nord,
paru dans *North Carolina's Rocking Chair,*
printemps 1998

Les bébés « difficiles »

Certains bébés arrivent encore moins que les autres à gérer tous les stimuli venus de l'extérieur. On les qualifie souvent de « difficiles ».

Brazelton parle de ces enfants « hypersensibles » dans plusieurs de ses ouvrages[41], en expliquant que « *les stimuli extérieurs semblent les accabler au lieu de les éveiller* ». Par exemple, « *si l'on regarde dans les yeux un bébé de ce genre et qu'on se met à lui parler, il se raidit, prend un air effrayé et se détourne* ». Si les parents ne

41. Par exemple dans *Écoutez votre enfant*, Payot, 1985, pages 40 à 45.

comprennent pas pourquoi leur bébé réagit comme cela, ils vont « *redoubler d'efforts pour communiquer avec l'enfant. Mais ces efforts à leur tour pèsent encore plus sur le bébé qui se détourne dramatiquement d'eux. Toutes les conditions sont réunies pour qu'il y ait un sentiment d'échec des deux côtés : chez la mère, l'impression d'avoir échoué dans son rôle de mère ; et chez le bébé, l'impression qu'il échouera toujours dans ses rapports avec les autres* ».

Au contraire, si les parents sont alertés sur le fait que leur bébé ne peut tolérer qu'un seul stimulus à la fois, ils agiront en conséquence : ils le caresseront, *ou* le prendront dans leurs bras, *ou* le regarderont, *ou* lui parleront, mais pas tout cela à la fois. Et avec le temps et la maturation qui va avec, le bébé apprendra petit à petit à gérer tous ces stimuli.

Les bébés hypersensibles peuvent aussi réagir à des événements « intérieurs » et pleurer pour des choses qui ne dérangeraient pas un autre bébé : un gaz, une selle, voire simplement la sensation engendrée par le mouvement de leurs jambes ou de leurs bras.

Un besoin de proximité et de contact non reconnu et non satisfait

Si l'on admet, comme je l'ai dit plus haut, que nos bébés naissent tous « prématurés », on comprend qu'ils aient besoin pendant plusieurs mois d'un contact étroit avec leur mère, dont le corps est, dans les débuts, en quelque sorte leur « habitat naturel ».

Or, dans notre société, on cherche au contraire à séparer le plus vite possible le corps du bébé de celui de sa mère, sous prétexte de favoriser son « autonomie ».

Nul doute que beaucoup de pleurs de nos bébés viennent de ces séparations trop précoces.

À la naissance

Une étude faite en 1996[42] a par exemple montré que dans les 90 minutes suivant la naissance, les bébés déposés dans un berceau

---

42. Michelsson K et al, « Crying in separated and non-separated newborns : sound spectrographic analysis », *Acta Pædiatrica*, 1996, 85 : 471-5.

pleuraient dix fois plus que ceux qui étaient en peau à peau avec leur mère. L'analyse spectrographique des cris permettait de les différencier clairement des cris provoqués par la faim ou la douleur, et de les attribuer à la détresse engendrée par la séparation.

Une étude précédente[43] avait trouvé la même différence entre les nouveau-nés laissés avec leur mère et ceux placés en nurserie : pendant l'heure suivant la naissance, une minute de pleurs chez les premiers contre dix chez les seconds. Aucun des enfants restés avec leur mère n'avait sursauté, alors que ceux placés en nurserie avaient sursauté douze fois au cours de cette première heure.

Une étude de 1995[44] avait, elle, comparé trois groupes de nouveau-nés, toujours pendant ces 90 minutes suivant la naissance. En voici les résultats, particulièrement éloquents :

---

43. Anderson GC, « Risk in mother-infant separation postbirth », *Image J Nurs Sch*, 1989, 21(4) : 196-9.
44. Christensson K et al, « Separation distress call in the human neonate in the absence of maternal body contact », *Acta Peadiatr*, 1995, 84 : 468-73.

	Durée moyenne des pleurs
Nouveau-nés placés dans un berceau	7 à 42 secondes par période de 5 minutes
Nouveau-nés placés sur la poitrine de leur mère	0 seconde
Nouveau-nés mis dans un berceau pendant les 45 premières minutes, puis sur la poitrine de leur mère pendant les 45 minutes suivantes	pleurs pendant les 45 premières minutes, arrêt des pleurs pendant les 45 suivantes

Les auteurs rapprochent ces pleurs de ce qu'on observe chez tous les petits mammifères séparés de leur mère : le « cri de détresse à la séparation ». Il s'agit d'un signal spécifique qui débute dès la séparation d'avec la mère, selon un schéma d'appels en salves, et qui cesse dès que le contact avec la mère est rétabli.

Dans les premiers jours

À une époque, la règle dans les maternités était de garder les bébés en nurserie la nuit. Encore aujourd'hui, beaucoup de maternités font pression sur les mères pour qu'elles laissent leurs bébés au moins la première nuit, « pour pouvoir se reposer ».

En dehors du fait que le repos est tout relatif (des études ont montré que les mères qui gardaient leur bébé avec elles dormaient aussi bien et aussi longtemps que les autres), il est clair que cette séparation a entre autres pour effet d'augmenter le temps de pleurs chez les bébés : 7,5 % du temps contre 0,6 % pour les bébés restés avec leur mère, d'après une étude de 1988[45].

Dans les premières semaines

Le besoin de contact perdure évidemment au-delà des premiers jours. Et là aussi, s'il n'est pas reconnu et comblé, il risque fort de se traduire par davantage de pleurs.

Une étude qui a comparé des bébés anglais et danois, dont un certain nombre avaient des parents adeptes d'un maternage « proximal »[46], a montré qu'à 5 semaines, les bébés londoniens

45. Keefe M, « The impact of rooming-in on maternal sleep at night », *J Obstet Gynecol and Neonat Nurs*, 1988, 17 : 122-26.
46. St James-Roberts I et al, « Infant crying and sleeping in London, Copenhagen and when parents adopt a "proximal" form of care », *Pediatrics*, 2006, 117(6) : e1146-55.

avaient environ deux fois moins de contacts physiques avec leurs parents que les bébés du groupe proximal, et qu'ils passaient en moyenne une heure par jour à pleurer seuls, contre 18 minutes pour ces derniers. À 12 semaines, ils passaient toujours significativement plus de temps à pleurer, même si la durée quotidienne de pleurs avait baissé dans tous les groupes.

Une étude de 1994 sur 160 bébés coréens âgés de 1 à 6 mois[47] avait montré, en comparaison avec les études occidentales, une durée de pleurs plus courte et un temps de contact étroit avec la mère plus long. Aucun cas de coliques n'avait été relevé.

Ce besoin de contact ne se limite évidemment pas à la journée : la nuit aussi, les bébés ont besoin d'être proches de leurs parents. Je ne détaillerai pas davantage ce point[48], mais combien de bébés ont pleuré nuit après nuit,

---

47. Lee K, « The crying pattern of Korean infants and related factors », *Developmental Medicine and Child Neurology*, 1994, 36(7) : 601-7.
48. Voir mon ouvrage *Le Cododo : pourquoi, comment*, Éditions Jouvence, 2018.

tout seuls dans leur chambre, parce qu'ils devaient « apprendre à faire leurs nuits »…

Des séparations trop précoces

En France, il n'est pas très politiquement correct de dire que mettre un bébé de quelques semaines en garde n'est peut-être pas ce qu'on fait de mieux pour lui. Nous nous félicitons de permettre aux femmes de concilier travail et maternité (même si trouver une place en crèche est toujours un exercice de haute voltige), pensant même que cela explique notre fort taux de natalité (1,96 enfants par femme en 2016).

Mais certaines études, voire les témoignages de certains personnels de crèche[49], laissent à penser que ce n'est peut-être pas si bon que cela pour les bébés. On a par exemple observé chez les bébés gardés en crèche un taux

49. Voir l'ouvrage *Nos enfants sont-ils heureux à la crèche ?*, de Anne Wagner et Jacqueline Tarkiel, Albin Michel, 1994.

de cortisol, l'hormone du stress, élevé tout au long de la journée[50].

Il est matériellement impossible à une personne, même très bien formée et bien intentionnée, de répondre aux besoins de contact, de portage, de nourriture... de cinq bébés à la fois. Surtout de bébés qui ne se déplacent pas encore, même à quatre pattes, et sont donc complètement dépendants de l'adulte pour la satisfaction de ces besoins.

Richard Bowlby (le fils de John Bowlby, chercheur bien connu en matière d'attachement mère/enfant) pense que le seul mode de garde qui n'engendrerait pas de dommage serait un mode de garde imitant exactement la façon dont un proche aimant de l'enfant peut s'en occuper[51]. Ce qui semble matériellement impossible.

---

50. Ahnert L et al, « Transition to child care : associations with infant-mother attachment, infant negative emotion, and cortisol elevations », *Child Development*, 2004, 75(3) : 639-50.
51. Voir : Richard Bowlby, *Stress in Daycare*, 2007, http://socialbaby.blogspot.com/2007/04/richard-bowlby-stress-in-daycare.html

La frustration de ne pas arriver à s'exprimer

Face à un bébé qui pleure sans qu'on sache pourquoi, on regrette souvent qu'il n'ait pas encore la parole, pour pouvoir dire ce qu'il veut ou ce qui le gêne (d'ailleurs, statistiquement, les pleurs diminuent beaucoup quand les enfants commencent à parler).

On oublie qu'avant de pouvoir parler, il peut communiquer autrement.

Se basant sur le fait que, dès 8 mois, les enfants maîtrisent suffisamment les muscles de leurs bras et de leurs mains pour communiquer grâce à des gestes (alors qu'il leur faudra attendre 18 mois en moyenne pour prononcer leurs premiers mots), la méthode « Baby sign » vise à enrichir la communication entre l'enfant et l'adulte grâce à la langue des signes utilisée par les sourds[52].

---

52. Voir l'ouvrage de Nathanaëlle Bouhier-Charles, *Signe avec moi*, éditions Monica Camps, 2006, et le site www.signeavecmoi.com

Elle permet à l'enfant de faire connaître ses besoins et envies et ses émotions, et au parent de mieux les comprendre. Les études ont montré qu'elle réduisait effectivement la frustration chez les bébés.

La frustration de ne pas arriver à faire ce qu'on veut

Certains bébés placides vivent apparemment très bien l'impuissance motrice des premiers mois. D'autres au contraire semblent constamment frustrés de ne pas pouvoir encore ramper, marcher à quatre pattes, se redresser, marcher debout… Tant qu'ils n'y arrivent pas, ils s'énervent facilement et peuvent donc pleurer pour cette raison. Quand ils finissent par y arriver, leur humeur s'améliore grandement… jusqu'à ce qu'ils s'énervent à nouveau sur le stade de développement suivant !

D'autres encore pourraient bien faire des choses (se déplacer, toucher…), mais on les en empêche parce qu'on a peur soit qu'ils se fassent mal soit qu'ils abîment les objets.

D'où là aussi des pleurs de frustration. On voit par là l'intérêt d'aménager la maison de telle façon que ces craintes n'aient pas lieu d'être[53].

Des étapes de développement ?

Pour les Hollandais Hetty van de Rijt et Frans X. Plooij, l'une anthropologue spécialiste de la petite enfance, l'autre psychobiologiste, tous les bébés passent par des phases où ils pleurent davantage et sont plus « crampons ». Selon eux, ces périodes correspondent effectivement à des changements importants que vit le bébé et qui le perturbent. Ils décrivent en détail[54] ces « bonds en avant », dont sept au cours de la première année : vers 5 semaines,

---

53. Voir des idées d'aménagement dans l'ouvrage de Jeannette Toulemonde, *Le Quotidien avec mon enfant, un environnement adapté aux jeunes enfants,* L'Instant présent, 2005.
54. *Pourquoi pleurent-ils ?*, Albin Michel, 1997. À noter que les auteurs donnent aux parents, pour aider leur bébé à traverser ces zones de « turbulences », des idées fondées sur l'importance de la relation, du contact, du portage, du massage, du bercement, des caresses…

8 semaines, 12 semaines, 19 semaines, 26 semaines, 37 semaines et 46 semaines.

Ajoutons que lorsque le bébé passe à un autre stade de développement, les parents ont parfois besoin d'un peu de temps pour s'ajuster à ce « nouveau » bébé. D'où de possibles problèmes – temporaires – de communication, et des causes de pleurs supplémentaires.

Un trop-plein d'énergie ?

Dans son ouvrage *Le Concept du continuum*[55], Jean Liedloff parle de cette phase de la vie de l'enfant « dans les bras », avant qu'il ne commence à ramper : le bébé encore incapable de se déplacer accumule l'énergie sans pouvoir la décharger autrement que par des pleurs, alors que s'il est porté par une personne active, qui bouge, les tensions musculaires des deux, porteur et porté, sont évacuées par le mouvement.

---

55. *Le Concept du continuum. La recherche du bonheur perdu*, Ambre, 2006.

Des parents trop centrés sur l'enfant ?

Jean Liedloff, toujours elle, pense, de façon apparemment paradoxale, que certains bébés pleurent d'être trop au centre des préoccupations de leurs parents. Elle écrit : « *Si, tout au long de la journée, on joue avec l'enfant, on lui parle, on l'admire, on le prive de cette phase dont il a besoin : être spectateur, porté dans les bras. Incapable de dire ce dont il a besoin, il va exprimer son mécontentement. Bien sûr il essaie d'attirer l'attention de la personne qui s'occupe de lui, mais – et c'est là la cause d'un malentendu bien compréhensible – son but est de l'amener à changer d'attitude, à s'occuper de ses affaires avec confiance, sans paraître lui demander sa permission. […]*

Dans la mesure où un enfant veut apprendre ce que font les adultes, il veut pouvoir centrer son attention sur un adulte lui-même centré sur ses activités d'adulte. »[56]

56. « Du danger d'être centré sur l'enfant », *Allaiter aujourd'hui*, n° 26, janvier 1996, p. 14-15. Article originellement paru dans *Mothering*, Winter 1994.

Chapitre 3

Laisser pleurer ou consoler : les conséquences

Que se passe-t-il si on laisse un bébé pleurer ?

Ou bien l'enfant continue à crier, jusqu'à perdre haleine.

Ou bien il finit par se résigner (les pleurs ne peuvent durer éternellement, car il y aurait risque de déperdition d'énergie), et on lui a appris qu'il ne sert à rien d'appeler puisque personne ne vient.

Dans les deux cas, comme on va le voir, ce n'est pas sans conséquence à plus ou moins long terme.

Le vécu du bébé

Imaginez : vous êtes seul dans une pièce, étendu sur un lit, incapable de vous lever, vous avez faim, vous baignez dans vos déjections, vous appelez pour qu'on vous nourrisse, pour qu'on vous lave, pour qu'on vous touche. Et personne ne vient. Vous continuez à appeler, vous criez plus fort, espérant qu'on vous entende. Et toujours personne.

La détresse, le sentiment d'impuissance, la peur… que vous éprouveriez en tant qu'adulte (n'oublions pas que c'est ce que vivent beaucoup de personnes âgées dans certaines institutions), le bébé les vit décuplés, car il n'a pas encore la capacité d'anticiper. Pour lui, seul le présent existe, un présent malheureux, infini[57].

Les conséquences possibles à court terme

Des paramètres physiologiques modifiés

Dans une des études citées plus haut[58], une et deux heures après la naissance, les bébés qui étaient restés avec leur mère avaient une meilleure pression sanguine que ceux qui avaient été mis en nurserie. Cela est

57. À lire le superbe mais très dur texte de Françoise Jeurissen, *Laisse-le pleurer* (http://babybaboo.com/wp-content/uploads/2015/02/laisselepleurer.pdf).
58. Anderson GC, « Risk in mother-infant separation postbirth », *Image J Nurs Sch,* 1989, 21(4) : 196-9.

particulièrement intéressant quand on sait que l'augmentation de la pression sanguine provoque une augmentation de la pression intracrânienne chez les prématurés, et qu'il est possible que le même phénomène se produise chez les enfants à terme.

Voici ce qu'on peut lire dans les *Dossiers de l'allaitement* de juillet 1996 : « *Pleurer est, pour un bébé, l'équivalent de la manœuvre de Valsalva*[59] *chez un adulte : cela induit une obstruction de la veine cave inférieure, ce qui rétablit la circulation sanguine fœtale au niveau cardiaque. Ce phénomène se produit dès que le bébé pleure pendant les cinq premiers jours de vie*[60]. *À chaque pause inspiratoire pendant les pleurs, du sang mal oxygéné traverse le foramen ovale*[61], *et repart dans la grande circulation au lieu d'être envoyé dans les poumons,*

---

59. Elle consiste à effectuer un effort bloqué d'expiration forcée après une inspiration profonde. Elle est utilisée notamment dans les crises de tachycardie paroxystique et dans les accidents de plongée sous-marine.
60. Lind, *The human fetal and neonatal circulation*, 1974, p. 89-94.
61. Orifice de communication entre les deux oreillettes, qui normalement se ferme à la naissance.

ce qui peut induire une hypoxémie. De plus, ce flot sanguin se fait par à-coups et sous haute pression. Une partie de ce sang mal oxygéné ira vers le cerveau. Le retour par la veine cave supérieure étant lui aussi bloqué par les cris, cela peut induire une hypertension crânienne et une mauvaise oxygénation cérébrale[62]. *Les mêmes conséquences sont observées lorsque le bébé sursaute. Or ces phénomènes sont associés à une augmentation du risque d'hémorragie intracrânienne chez les prématurés.*

Même des enfants nés à terme sont vulnérables devant cette pathologie en période néonatale. Une enquête faite sur des nourrissons placés en nurserie a recherché la survenue de ces hémorragies dans les 72 heures post-partum. On en a retrouvé chez 3 % de ces enfants apparemment en bonne santé[63]. *Certes, ces enfants étaient asymptomatiques. Mais cette pathologie peut être à la base de séquelles neurologiques mineures, telles que des légers troubles moteurs ou des difficultés d'apprentissage. […]*

---

62. Brazy, « Effects of crying on cerebral blood volume and cytochrome », *J Pediatr,* 1988, 112 : 457-61.
63. Hayden et al, « Subependymal germinal matrix hemorrhage in full term neonates », *Pediatrics,* 1985, 75 : 714-18.

Ces phénomènes de shunt[64] *cardiaque pourraient avoir un impact à long terme. Une étude a retrouvé la persistance du foramen ovale chez des adultes apparemment en bonne santé entre 18 et 35 ans. Un shunt vasculaire se produisait au repos chez 5 % des sujets : la manœuvre de Valsalva induisait un tel shunt chez 13 % de personnes supplémentaires*[65]. »

Par rapport à ceux qu'on laisse pleurer dans leur berceau, les nouveau-nés « maternés » et en contact avec leur mère ont aussi une température, une oxygénation, un rythme cardiaque et respiratoire meilleurs et plus stables.

Leur adaptation métabolique est plus rapide, et ils économisent leurs réserves glucidiques.

Leur succion est plus vigoureuse, ils ont moins de difficultés de déglutition, ils

64. Court-circuit dans la circulation du sang mettant en communication le circuit artériel et le circuit veineux.
65. Lynch et al, « Prevalence of right-to-left shunting in a healthy population », *Am J Cardiol,* 1984, 53 : 1478-80.

sont plus éveillés, plus alertes et plus calmes. Ils produisent dix fois moins de glucocorticoïdes (hormones libérées par le stress).

Un possible problème de prise de poids

Beaucoup de conseils donnés aux nouvelles mères (minuter la durée des tétées, limiter le nombre des tétées, respecter un intervalle entre deux tétées, supprimer le plus rapidement possible les tétées de nuit...) peuvent vraiment aboutir à ce que le bébé soit sous-alimenté et ne prenne pas du poids correctement. Au début, le bébé a bien pleuré pour manifester sa faim, mais, devant le peu de réponse, il a fini par se résigner.

Le Dr Newman raconte: « *J'ai vu des bébés qui ont cessé de prendre du poids lorsqu'ils ont été entraînés à "faire leurs nuits". La situation type semble être qu'on laissait le bébé pleurer, peut-être qu'on lui donnait une sucette ou qu'il apprenait à sucer son pouce ou bien deux doigts pour se réconforter et s'endormir. Ce comportement est probablement devenu usuel pendant la journée, le bébé tétait alors ses doigts ou une sucette.*

La mère était contente car, en plus d'être débarrassée des tétées de nuit, le bébé semblait aussi moins téter pendant la journée. C'est seulement lors de la visite suivante chez le médecin que les parents découvraient que le bébé ne prenait plus de poids ou très peu. »[66]

Les conséquences possibles à plus long terme

La communication et l'attachement parents/enfant

Silvia Bell et Mary Ainsworth, deux chercheuses américaines à la John Hopkins University, ont mené dans les années 1970 une étude fort intéressante[67].

Elles ont observé 36 couples mère-bébé dans leur environnement habituel, et noté que tous les bébés avaient des épisodes de cris.

---

66. *L'Allaitement, comprendre et réussir avec Dr Jack Newman*, Jack Newman Communications, 2006.
67. Bell SM, Ainsworth MD, « Infant crying and maternal responsiveness », *Child development*, 1972, 43(4) : 1171-90.

Elles ont noté le nombre de fois où la mère ignorait ces cris, le nombre de fois où elle y répondait, le temps que cela lui prenait, quel genre de réponse elle apportait, et le résultat de cette réponse. Prendre le bébé dans les bras s'est avéré la façon la plus efficace de faire stopper les cris.

Le groupe 1 était constitué de mères donnant des réponses promptes et maternantes aux pleurs de leur enfant, le groupe 2 de mères plus restreintes dans leur réponse.

Les chercheuses ont trouvé que les enfants du groupe 1, auxquels les mères avaient répondu tôt et de manière plus maternante, étaient moins portés à utiliser les pleurs comme moyen de communication lorsqu'ils avaient un an. Ces enfants semblaient plus sûrement attachés à leur mère et avaient développé de meilleurs talents de communication, devenant moins pleurnichards et manipulateurs.

D'autres études ont été menées qui abattent définitivement les théories sur les enfants « gâtés » : elles montrent que les bébés dont les pleurs ne reçoivent pas de réponse prompte se mettent à pleurer plus, plus longtemps, et d'une manière plus dérangeante. Dans une étude qui comparait deux groupes de bébés en pleurs, dans l'un des groupes, les nourrissons recevaient une réponse immédiate et maternante, tandis que, dans l'autre groupe, on laissait les enfants pleurer. Les bébés dont les pleurs recevaient une attention sensible réduisaient leurs pleurs de 70 %. Les bébés qu'on laissait pleurer, par contre, ne réduisaient pas leurs pleurs.

Essentiellement, la recherche a montré que les bébés dont les pleurs étaient entendus et auxquels on répondait apprenaient à « pleurer mieux », tandis que les bébés bénéficiant d'un style de maternage plus restreint apprenaient à « pleurer plus fort ». Il est intéressant de noter que ces études ont montré des différences non seulement dans la manière de communiquer des bébés avec leurs parents en fonction des réponses qu'ils obtenaient à leurs cris, mais aussi des différences au niveau des mères.

La confiance en l'autre

Qu'apprend-on à un bébé dont on ignore les pleurs ? On lui apprend à se taire, on lui apprend à se résigner, à ne pas faire confiance à l'adulte pour répondre à ses besoins, à ne pas faire confiance à l'autre en général.

Tout cela est très bien dit dans un texte de l'Association australienne pour la santé mentale infantile paru en 2003, qui s'inquiète des méthodes prônées en Occident pour « contrôler » les pleurs des bébés, méthodes qui consistent essentiellement à laisser le bébé pleurer de plus en plus longtemps avant de s'occuper de lui, afin qu'il finisse par ne plus pleurer, notamment la nuit. En voici quelques extraits[68] : « *Entraîner un enfant à ne pas pleurer pourra effectivement l'amener à ne plus pleurer. Mais cela pourra aussi lui apprendre qu'il ne peut espérer aucune aide lorsqu'il en a besoin [...]. Les enfants se sentent beaucoup plus en sécurité si leurs pleurs déclenchent rapidement et systématiquement une aide adéquate de la part de la personne*

68. J'ai publié le texte entier dans *Le Cododo : pourquoi, comment,* Éditions Jouvence, 2018.

qui s'occupe d'eux [...]. L'AAIMH estime que ces pratiques ne correspondent pas aux besoins émotionnels et psychologiques des jeunes enfants, et qu'elles peuvent avoir des conséquences négatives à long terme sur leur santé psychologique. »

Insensibilisation des parents

Des études ont montré que les mères qui donnaient une réponse plus restreinte et moins maternante devenaient graduellement insensibles aux pleurs de leur bébé, et cette insensibilité se propageait à d'autres aspects de la relation parent-enfant. La recherche a montré que laisser un bébé pleurer gâte toute la famille.

De futurs adultes anxieux...

D'après une équipe de chercheurs travaillant au département de psychiatrie de l'École de médecine de Harvard, la croyance selon laquelle il est bon de laisser pleurer les bébés aurait pour principal résultat de fabriquer des adultes stressés et anxieux.

Cette équipe a analysé les pratiques de maternage utilisées dans nos pays et dans d'autres cultures, et étudié les fonctions neurologiques, les capacités d'apprentissage et les réactions émotionnelles des enfants en situation de stress, et ce en fonction du type de maternage qu'ils avaient connu. Conclusion : « *Les parents doivent savoir qu'en laissant pleurer leur enfant sans leur accorder d'attention, ils peuvent provoquer chez lui des dommages à long terme. Le système nerveux de l'enfant deviendra anormalement sensible aux traumatismes à venir.* »[69] Tout le contraire de l'école selon laquelle il faudrait « endurcir » l'enfant pour qu'il supporte mieux les futurs aléas de la vie !

En fait, laisser pleurer les bébés est le meilleur moyen pour obtenir des adultes incapables de gérer les stress. En effet, on a pu montrer que le niveau de stress et de cris des premiers temps conditionne le nombre

---

69. Powell A, « Children need touching and attention, Harvard researchers say », *The Harvard University Gazette*, 9 avril 1998. Ces deux chercheurs, ML Commons et PM Miller, ont présenté leur recherche au congrès annuel de l'American Association for the Advancement of Science, Philadelphia, PA, en février 1998.

de récepteurs à cortisol dans l'hippocampe et programme la capacité ultérieure à gérer les stress à l'âge adulte.

D'autre part, à l'âge adulte, le néocortex est normalement capable de ralentir l'activité de l'amygdale en libérant des substances anti-anxiogènes, qui détendent le corps et permettent de retrouver son calme. Mais si, lorsque nous étions petits, personne ne nous a aidés à apaiser nos chagrins, le néocortex peut ne pas avoir acquis cette capacité à gérer le stress. D'où de fréquents états d'anxiété, voire des dépressions.

Pour le psychologue sud-africain Abraham Le Roux, forcer les bébés à s'apaiser tout seuls peut faire qu'une fois adultes, ils continuent à le faire en utilisant des « calmants » ou « tranquillisants » tels que l'alcool, des drogues, la boulimie, le sexe addictif, etc.

… et plus malades

Une étude a par exemple montré qu'environ 70 % des femmes qu'on a laissées pleurer étant bébés ont développé des problèmes digestifs à l'âge adulte.

Ce que nous apprennent les recherches sur le cerveau

Dans son ouvrage *La science de l'enfant heureux* (voir bibliographie), le professeur Margot Sunderland, qui travaille au Centre for Child Mental Health de Londres, s'appuie sur toutes les recherches récentes en matière de développement cérébral et sur toutes les observations que permettent les techniques modernes d'imagerie médicale, pour montrer qu'élever un bébé et un enfant en ignorant ses pleurs a des conséquences visibles sur son cerveau[70].

Le stress subi par le jeune enfant provoque en effet une cascade d'effets physiologiques, en particulier au niveau de la sécrétion des hormones et des neurotransmetteurs, qui auront un impact définitif sur le cerveau en plein développement de l'enfant.

---

70. À lire absolument, les soixante premières pages de son ouvrage.

Les systèmes encore inachevés qui gèrent la production d'opioïdes, de noradrénaline, de dopamine et de sérotonine risquent d'être endommagés, entraînant de graves déséquilibres chimiques générateurs de problèmes psychiques.

Si on laisse un bébé hurler tout seul pendant longtemps, son cerveau cesse de sécréter des opioïdes (des hormones qui procurent une sensation de bien-être), son taux circulant de cortisol (l'hormone du stress) s'élève énormément, les voies de transmission de la douleur sont activées dans son cerveau comme s'il était blessé physiquement.

Ce mécanisme de réponse au stress où intervient le cortisol est appelé axe HPA. Et, comme le dit Margot Sunderland, « *un bébé angoissé présente un axe HPA très actif qui génère du cortisol en continu, pareil à un système de chauffage central qui se serait emballé. Consoler un enfant, c'est trouver l'interrupteur pour stopper ce processus. Des images IRM du cerveau montrent que le stress précoce peut causer une hyperactivité permanente de l'axe HPA* ».

Si les pleurs durent trop longtemps, le taux de cortisol peut atteindre un *seuil toxique* au-delà duquel les structures et systèmes essentiels du cerveau peuvent être endommagés.

À plus long terme, les chercheurs[71] ont identifié quatre pathologies qui pourraient avoir un lien avec le stress et la maltraitance dans la petite enfance : les crises d'épilepsie, induites par des modifications du système limbique ; des modifications de l'EEG (électroencéphalogramme) associées à un comportement plus agressif envers soi et envers les autres ; des anomalies du développement du cerveau gauche, qui sembleraient en relation avec une plus grande fréquence de dépressions et de troubles mnésiques ; des troubles au niveau des relations entre cerveau gauche et cerveau droit, peut-être en rapport avec des anomalies structurales du pont entre les deux hémisphères.

71. Teicher MH, « Wounds that won't heal : the neurobiology of child abuse », in *Cerebrum* [Dana Press], vol. 2, n° 4, p. 50-67, Fall 2000.

A contrario, pour le pédiatre Haïm Cohen (voir bibliographie), répondre aux pleurs du bébé, le consoler, cela participe « *à son épanouissement psychoaffectif et à l'élaboration au niveau de son cerveau, du tissu, du substratum de ce qui sera le siège, ou l'espace, de l'éclosion et du déploiement de sa dimension humaine* ». Selon lui la consolation « *installe au sein du cerveau la mémoire de l'apaisement généreux [...]. L'enfant apprendrait, en les observant ou en en étant l'objet, les gestes humains de consolation, les comportements éthiques* ».

À encore plus long terme ?

Une étude de 2007 semblerait montrer que cela peut même avoir des effets... sur la génération suivante.

On sait que le stress joue sur les facultés d'apprentissage. C'est ainsi que des poules domestiques qu'on soumet à un stress perdent une partie de leurs capacités cognitives, en particulier celles qui ont trait à l'orientation. Et, selon des travaux de chercheurs suédois et norvégiens[72], elles transmettent à leur descendance cette dégradation des facultés d'apprentissage !

Les effets physiologiques du stress seraient également transmis aux descendants. Si l'on prélève l'hypophyse et l'hypothalamus, deux organes qui contrôlent la production d'hormones, on observe que pas moins de 31 gènes sont surexprimés ou sous-exprimés (c'est-à-dire plus ou moins actifs) chez les poules soumises au stress, et qu'on retrouve ces mêmes différences dans leur descendance, alors que celle-ci n'a eu aucun contact avec ses génitrices et a grandi dans un environnement « non stressant ». Encore largement méconnus, ces mécanismes sont, selon toute vraisemblance, de nature épigénétique.

---

72. Lindqvist C et al, « Transmission of stress-induced learning impairment and associated brain gene expression from parents to offspring in chickens », *PloS ONE*, 11 avril 2007.

Chapitre 4

Apaiser les pleurs

Nous avons, dans les chapitres précédents, déjà abordé un certain nombre de pratiques de maternage permettant d'éviter ou d'apaiser les pleurs. Voici une petite liste récapitulative, qui je l'espère vous sera utile.

Il faut savoir que toutes ces idées ne fonctionnent pas pour tous les bébés ; qu'une méthode peut marcher un jour et pas le lendemain ; qu'il faut donc avoir une « palette » de trucs entre lesquels on peut jongler ; que pour certains bébés, ce qui marche, c'est une suite de gestes enchaînés dans un certain ordre, une sorte de « rituel » ; qu'il n'est pas évident d'être imaginatif lorsqu'on est épuisé, et qu'il vaut donc mieux avoir une batterie d'idées toutes faites et déjà éprouvées ; que c'est principalement la mère qui essaiera d'apaiser son bébé, mais que le père ou tout autre adulte (voire les grands frères et les grandes sœurs) est à même d'utiliser ces techniques, qu'on peut regrouper sous six grandes catégories :

- succion (nutritive ou non) ;
- contact et mouvement ;
- « distraction » ;

- bruits et vibrations ;
- massages et enveloppements ;
- traitements et alimentation[73].

À noter qu'une enquête faite auprès d'environ 700 mères suivies tout au long de la première année de leur bébé[74] a montré qu'au cours des seize premières semaines, les pratiques les plus efficaces pour calmer les pleurs étaient de porter l'enfant (88 %), de le mettre au sein (82 %) et de marcher en le tenant (87 %).

La succion

- *Donner le sein.* Contrairement à ce qu'on entend souvent dire, il n'y a aucun mal à donner le sein chaque

73. Aux Entretiens de Bichat de septembre 2007, le docteur Pierre Foucaud (centre hospitalier de Versailles) déclarait que pour calmer les enfants, *« il faut parfois savoir revenir à des techniques ancestrales : le calme, le chant, le portage, le massage »*…
74. Howard CR et al, « Variations in parental comforting practices and breastfeeding duration », *ABM News and Views,* 2004, 10(S).

fois que le bébé pleure, et même s'il n'a pas faim. Le sein, ce n'est pas qu'alimentaire. Et une des beautés de l'allaitement, c'est justement qu'il est « multifonctions » et qu'il sert aussi à apaiser, endormir, rassurer, soulager des coliques ou d'autres douleurs[75].

- Certains bébés peuvent se calmer *à l'aide d'une sucette,* s'ils ont un besoin de succion non nutritive particulièrement intense, mais attention au risque de dépendance ! Pour éviter la confusion sein/tétine, mieux vaut ne pas la proposer avant que l'allaitement ne soit bien installé. En attendant, le parent peut proposer son doigt (propre et à l'ongle court) à sucer au bébé (avec là aussi un risque de dépendance !).

---

75. On connaît bien aujourd'hui les vertus antalgiques de la tétée au sein. Voir mon article « Au sein, même pas mal ! », *Spirale,* n° 42, 2007, www.claude-didierjean-jouveau.fr/2016/08/15/tetee-analgesique. Et toutes les mères qui ont allaité au-delà des premiers mois connaissent le pouvoir miraculeux de la tétée pour consoler un petit casse-cou qui se fait plaies et bosses au cours de ses explorations.

- Un certain nombre de bébés vont finir par trouver leur *pouce*, et satisfaire ainsi leur besoin de succion. Ils pourront aussi adopter un objet (peluche, tissu…) et en faire leur *doudou*, qu'ils suceront également pour s'apaiser. Attention quand même à ce que pouce et/ou doudou ne remplacent pas trop le contact avec la mère et le père, car ils ne sont finalement que des substituts à ce contact.

Contact et mouvement

- *Bercer le bébé*. Ce peut être dans les bras, dans un « vrai » berceau qui berce, ou dans un hamac, voire sur le corps de l'adulte qui lui-même se berce dans un rocking-chair ou dans un hamac[76].

---

76. Voir Gloria Mota, « Du corps de la mère au hamac : une transition douce au nordeste Brésil », in *Les Rituels du coucher de l'enfant*, ESF éd., 1993.

- *Porter le bébé*[77] *et marcher avec lui.* Une étude[78] a montré que lorsque les mères portent davantage l'enfant, il pleure moins souvent. Quand, au moment du fameux « pic de pleurs » des 6 semaines, on a comparé les bébés des mères auxquelles on avait demandé de les porter davantage aux bébés du groupe contrôle, on a constaté 43 % de pleurs en moins sur vingt-quatre heures, et jusqu'à 51 % de pleurs en moins en soirée (de 16 h à minuit). La diminution des pleurs s'observait également, quoique de façon moins importante, à 4, 8 et 12 semaines. L'augmentation du temps de portage (que ce soit dans les bras ou dans un porte-bébé) n'était pourtant pas énorme : 4,4 heures en moyenne par jour contre 2,7 heures pour le groupe contrôle. Une heure et

77. Voir mon ouvrage *Porter bébé,* Éditions Jouvence, 2006 ; ainsi que *Peau à peau*, d'Ingrid van den Peereboom, Jouvence, 2006.
78. Urs A Hunziker et Ronald G Barr, « Increased Carrying Reduces Infant Crying : A Randomized Controlled Trial », *Pediatrics,* 1986, vol. 77, n° 5 : 641-48.

> demie de portage supplémentaire avait donc suffi à diminuer de plus de moitié les pleurs de fin de journée, dont se plaignent tant de nouveaux parents… Ce temps de pleurs en moins était occupé par des tétées plus fréquentes, plus d'éveil calme et de moments où le bébé semblait heureux et satisfait.

Les auteurs notaient qu'on connaît depuis longtemps l'effet apaisant sur les pleurs de l'enfant du portage à bras, de la voix du parent, du bercement, du tapotement… Mais ils insistaient sur le fait que, dans cette étude, les mères avaient été incitées à porter l'enfant quel que soit son état, et pas seulement en réponse à ses pleurs. Ils pensaient donc que le portage supplémentaire avait « prévenu » les pleurs en améliorant la capacité des mères à détecter les demandes de l'enfant et à y répondre plus rapidement. Les bébés avaient ainsi moins eu besoin de recourir à la « décompensation comportementale » que représentent les cris et les pleurs pour faire connaître leurs besoins.

Ils concluaient également que cela pouvait être particulièrement important pour les bébés atteints de coliques, qui souvent ne se calment pas quand on les prend *après* qu'ils ont commencé à crier.

- *Utiliser le « balancement maternel » :* la mère porte le bébé contre son épaule ou dans ses bras, et, sans bouger les pieds, se balance d'une jambe sur l'autre. Tout autre adulte que la mère peut bien sûr utiliser ce balancement, mais c'est vrai que c'est un peu la « marque de fabrique » des mères, au point que certains disent pouvoir reconnaître si une femme a des enfants à la façon dont elle se balance d'un pied sur l'autre, même sans enfant dans les bras !
- *Danser avec le bébé.*
- *Allonger le bébé sur les cuisses de l'adulte,* en repliant ses jambes sur son ventre, éventuellement en le berçant doucement de droite à gauche.
- *Un bon bain chaud* pris ensemble peut être très relaxant pour le bébé et pour le parent. Une simple *bouillotte* peut

soulager un petit ventre douloureux. Cet effet tient sans doute au fait que la chaleur libère de l'ocytocine[79].

- *Prendre le bébé contre soi en peau à peau.*

Distractions

- *Placer le bébé* devant quelque chose qui va retenir son attention. On sait que les premières semaines, les bébés s'intéressent particulièrement aux graphismes en noir et blanc très contrastés ou contenant du rouge, ainsi qu'aux lumières en tout genre.
- *Mettre le bébé devant un miroir* – les bébés adorent regarder les visages – ou devant un aquarium où nagent des poissons, voire devant le hublot d'un lave-linge en train de tourner avec le linge dedans !
- Si le temps le permet, *aller dehors* et laisser le bébé regarder les feuilles

79. L'ocytocine est l'hormone de l'amour et de la relation à l'autre. Voir l'ouvrage de Kerstin Uvnäs Moberg, *Ocytocine : l'hormone de l'amour*, Le Souffle d'or, 2006.

bouger doucement dans la brise. Dans tous les cas, le fait de sortir (même s'il fait nuit, même s'il fait froid) et de faire le tour du pâté de maisons fait du bien à tout le monde. Rien de pire que de rester enfermé entre quatre murs avec un bébé qui pleure. Une mère raconte : « *Quand Léo était bébé, il hurlait chaque soir et rien ne marchait, pas plus le sein que le portage. Ce qu'on a fini par trouver et qui marchait un peu, c'était de lui faire prendre l'air sur le balcon et regarder les étoiles, surtout en hiver.* »

Dans un tel cas, on ne sait ce qui marche, de la distraction ou de l'air frais. Les Germaniques et les Scandinaves connaissent les vertus de celui-ci pour un bon sommeil, eux qui ont l'habitude de faire dormir les bébés dehors, même en plein hiver !

- *Aller faire un tour en voiture* avec le bébé. Quand j'ai eu mon premier bébé, il y a plus de trente ans, je me disais que je devrais faire breveter un système imitant le bruit, les vibrations, le mouvement… de la voiture, car il s'y endormait dès que nous démarrions ! Je me suis aperçue depuis que je n'étais pas la seule à l'avoir expérimenté, même si tous les bébés ne réagissent pas de la même façon : certains détestent vraiment la voiture…

Bruits et vibrations

- *Chanter.* Les bébés adorent la voix de leur mère et ils se moquent de savoir si elle chante juste ou non !
- *Passer l'aspirateur avec le bébé* dans le porte-bébé ! Pas mal de bébés trouvent apaisants le mouvement et le bruit ronronnant de l'aspirateur (ou les vibrations du lave-linge !).
- *Faire un bruit plus ou moins fort de « chuuuuuuuut ».* Le son « shhhh », pour dire à quelqu'un de « baisser le son », se retrouve dans la plupart des langues et des cultures (« hush » en anglais, « soos » en arménien, « shuu » en vietnamien, etc.) et imite le bruit de la circulation sanguine qu'entend le

fœtus quand il est dans l'utérus. D'où son effet calmant. À noter que ce n'est pas un faible bruit puisqu'on l'estime entre 75 et 88 décibels !

Ce « bruit blanc[80] » ressemble également à celui des séchoirs à cheveux et des aspirateurs. Ce qui pourrait expliquer l'effet calmant de ces derniers.

Massages et enveloppements

- *Envelopper le bébé* dans une couverture ou un lange : certains bébés ont besoin de se sentir « contenus », sans quoi ils se sentent désorganisés et perturbés. Après des décennies où l'on a vilipendé l'emmaillotement comme privateur de la liberté de mouvement, on redécouvre depuis peu ses vertus pour

80. On trouve des enregistrements de « bruits blancs » sur Youtube et sur des applis pour smartphones.

calmer et endormir les bébés[81]. Le fait notamment d'avoir les bras maintenus contre le corps les empêche d'avoir ces mouvements désordonnés qui souvent les réveillent.

Dans son ouvrage *Le plus heureux des bébés*, Harvey Karp décrit en détail la technique d'emmaillotement et explique pourquoi ça marche (voir bibliographie[82]). Il s'agit de : poser une couverture pour bébé sur le sol, pliée en triangle ; replier un peu la pointe du haut afin de former un bord sur lequel reposeront les épaules du bébé ; placer celui-ci sur la couverture, rabattre sur lui l'un des coins latéraux et le glisser sous ses fesses ; replier le coin du bas et le glisser dans ce pli ; replier l'autre coin latéral pour entourer le bébé ; rentrer

81. Voir par exemple l'étude de Franco P et al, « Influence of swaddling on sleep and arousal characteristics of healthy infants », *Pediatrics*, 2005, 115(5) : 1307-11.
82. Une vidéo est visible à cette adresse : https://www.youtube.com/watch?v=owwkZDZ_DgU

le coin pour fixer la couverture au niveau de son cou[83].

- Pour « contenir » l'enfant et l'apaiser, une autre idée est de lui *mettre une main sur les fesses et une autre sur la tête,* ce qui doit lui rappeler les sensations intra-utérines de fin de grossesse quand sa tête appuyait sur le col de l'utérus et que ses fesses étaient en contact avec les mains de la maman posées sur le haut de son ventre.
- On peut aussi mettre le bébé dans ce qu'Isabelle Gambet-Drago[84] appelle la « *position magique* » : une main de l'adulte soutient la tête et le haut du dos du bébé, son menton est rentré dans son cou ; avec l'autre main,

83. Le petit livre d'Andrea Savardy, *Baby-gami, l'art d'envelopper et de porter bébé en toutes circonstances* (éditions Tornade, 2007), pas terrible sur le chapitre du portage, est une jolie illustration du *wrapping*.
84. *Bébé bonheur : 35 massages de bien-être pour mon bébé,* Manise, 2006. On trouvera également dans cet ouvrage des massages thérapeutiques pour soulager les coliques.

on rassemble ses jambes contre son ventre, en position de bouddha. Cette position fœtale a généralement un effet calmant et rassurant.

- Essayer l'une des quatre variantes de la *position « anticoliques »*, la plus courante étant celle où le bébé est à plat ventre sur l'avant-bras de l'adulte, sa tête dans le creux du coude, la main tenant ses jambes. (Voir le dessin ci-après)
- *Essayer le massage « I love you »* dont parle le Dr Sears dans *Que faire quand bébé pleure*. Le bébé est couché sur le dos, la tête vers l'adulte. Ce massage suit la courbe naturelle du gros intestin du bébé, et permet d'aider les poches d'air à s'évacuer vers le rectum.
- Lorsqu'on porte l'enfant sur son épaule, *masser doucement son dos* (plutôt que de le tapoter : le tapotage peut être utile pour aider au rot, mais c'est quand même un peu violent ; pour essayer de calmer un bébé qui pleure, un geste doux est plus indiqué).

La position magique

Bébés : ne pas secouer !

Il arrive régulièrement que des parents (ou des nounous) exaspérés par les cris du bébé le secouent à bout de bras dans l'espoir de le faire taire. Ce geste fait ballotter la tête du bébé, cisaille les vaisseaux du cerveau, créant des hémorragies cérébrales plus ou moins importantes, avec des conséquences pouvant être gravissimes (5 % de décès, des hémiplégies, des épilepsies et autres dommages cérébraux irréversibles).

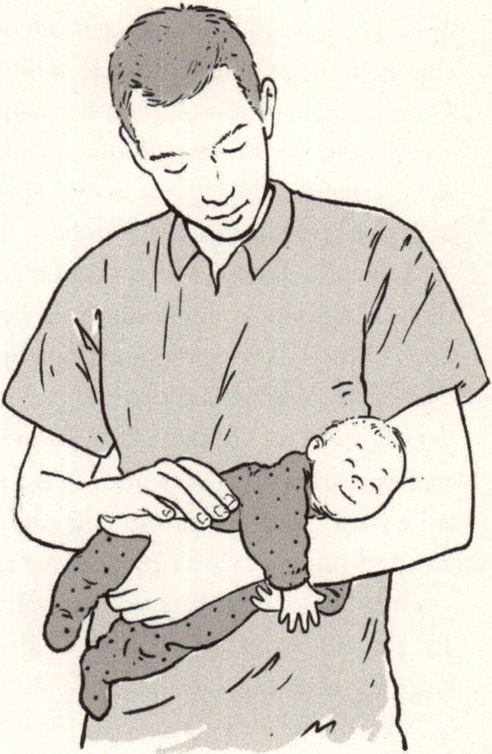

La position « anticoliques »

- *Une séance d'ostéopathie* : d'après des études danoises[85], un traitement ostéopathique pourrait aider en cas de coliques. Un groupe de bébés souffrant de coliques recevait des soins ostéopathiques pendant deux semaines, alors qu'un second groupe était traité par dimethicone. Au bout de 8 à 11 jours, la durée des pleurs était réduite d'une heure dans le groupe dimethicone, et de 2,7 heures dans le groupe ostéopathie.
- *Donner à l'enfant un produit qui soulage sa douleur.* Ce peut être un médicament, bien sûr (pourquoi le refuser à l'enfant, alors qu'en tant qu'adultes, nous n'imaginerions pas de ne rien prendre en cas de rage de dents ?), ou un produit ayant pour effet de diminuer les malaises. Une étude de 2007[86]

85. Wiberg JMM, Nordsteen J, Nilsson N, « The short-term effect of spinal manipulation in the treatment of infantile colic : a randomized controlled clinical trial with a blinded observer », *J Manipulative Physiol Ther,* 1999, 22(8) : 517-22.
86. Savino F et al, « Lactobacillus reuteri versus simethicone in the treatment of infantile colic : a prospective

a par exemple montré qu'administrer à l'enfant souffrant de coliques une dose quotidienne d'un certain probiotique (*Lactobacillus reuteri*) aidait considérablement à réduire les symptômes : après 28 jours de traitement, la durée des pleurs avait été réduite de 75 %.

Certains médecins rapportent l'efficacité, dans leur clientèle, d'un mélange d'eau de chaux et de julep gommeux.

Cela dit, un débat relayé par une revue pédiatrique française en 2006[87] a conclu... qu'on ne pouvait pas conclure sur l'utilité de donner un antispasmodique au bébé qui souffre de coliques. Une table ronde au congrès de l'AFPA (Association française de pédiatrie ambulatoire) cette même année concluait qu'aucun médicament, quel qu'il soit, n'avait une efficacité démontrée...

randomized study », *Pediatrics,* 2007, 119(1) : e124-e130.

87. Colligon H, *Médecine & enfance,* mai 2006 : 243-44.

À noter néanmoins qu'un certain nombre de bébés se trouvent bien de prendre un traitement homéopathique (en cas de coliques, de poussée dentaire, etc.).

- *Supprimer de l'alimentation de l'enfant (ou de la mère s'il est allaité) des produits* pouvant causer des désordres intestinaux et des coliques. On pense en premier lieu aux protéines de lait de vache qui semblent en cause dans un certain nombre de cas (voir plus haut).

Dans tous les cas

- *Ne pas nier ou minimiser les sentiments ou sensations de l'enfant*: consoler, répondre aux besoins de l'enfant, ce n'est pas chercher simplement à le faire taire. Dire « ce n'est rien, arrête de pleurer », alors que « ce n'est pas rien », qu'il y a vraiment quelque chose, c'est malheureusement quelque chose qui a été beaucoup utilisé et continue à l'être.

- *Ne pas rester seuls* : avoir un réseau, aller en parler avec un professionnel ou autre.

C'est ainsi qu'à l'île de La Réunion, à l'hôpital de Saint-Paul, le pédiatre Marc Bertsch a assuré pendant quelque années une « consultation pleurs » où il accueillait les parents pour évaluer ensemble le pourquoi des pleurs lorsque ceux-ci finissent par inquiéter les mamans. Il expliquait : « *On retrouve le problème du portage, du co-sleeping, les problèmes digestifs, etc. Il s'agit en fait d'expliquer aux mères que les demandes non satisfaites des bébés génèrent des situations de stress pour l'enfant. D'où l'appel : "Maman, où es-tu ? J'ai besoin de toi pour me rassurer", comme cela se passe chez chacun d'entre nous tout au long de notre vie : l'éternelle quête du bien-être.* »

Participer à des groupes de parents (comme par exemple les réunions de La Leche League) est aussi un bon moyen de ne pas se sentir seul(e) avec son enfant, de pouvoir parler avec d'autres parents rencontrant les mêmes problèmes, d'être rassuré(e) sur la normalité du comportement de son enfant, etc.

Et n'oubliez pas : si les bébés ont besoin de bras pour les porter, cela peut être d'autres bras que ceux de papa ou maman. Quand on se sent à bout de forces, il est bon de savoir que d'autres bras aimants sont prêts à prendre temporairement le relais…

Et si rien n'y fait ?

Il arrive que certains pleurs, à certains moments, chez certains bébés soient vraiment inconsolables. Les parents font tout ce qu'ils peuvent, mais rien n'y fait, le bébé continue à pleurer.

Plutôt que de dire comme certains que c'est sans doute que le bébé a « besoin de pleurer », il serait alors plus juste de se dire – et de dire au bébé – qu'on n'a pas trouvé pourquoi il pleure, qu'on est vraiment désolé pour lui et qu'on espère qu'il va aller mieux bientôt…

L'échelle de Brazelton

Le pédiatre américain bien connu T. Berry Brazelton avait élaboré une gradation de méthodes permettant d'apaiser un bébé.

Il conseillait de commencer avec la première étape, puis de passer à la seconde si la première ne suffit pas. Et ainsi de suite. Cette échelle est intéressante, car elle montre les différences de « consolabilité » entre les bébés, et même pour un même bébé, les différences d'un jour à l'autre, d'un moment à l'autre.

Mais bien sûr, rien n'empêche de prendre tout de suite le bébé dans les bras et de lui donner le sein !

1. Approchez votre visage de celui de votre enfant pour qu'il puisse vous voir.
2. Gardez un contact visuel avec votre bébé, parlez-lui doucement et calmement. Ce que vous lui dites n'a pas d'importance, mais n'oubliez pas de prononcer souvent son nom.
3. Posez une main sur son ventre, en continuant à le regarder et à parler d'une voix douce.
4. Maintenez délicatement ses bras de chaque côté du corps, pour qu'il ne puisse pas les agiter.

...

…

5. Prenez votre bébé dans vos bras et câlinez-le.
6. Tenez-le contre votre épaule, pour qu'il puisse regarder autour de lui.
7. Aidez votre bébé à trouver son pouce ou son poignet, ou proposez-lui une tétine.

Conclusion

Un bébé sans pleurs, est-ce vraiment possible ?

Un bébé qui pleure, c'est bien souvent un bébé pour lequel on n'a pas reconnu les signaux qu'il envoyait juste avant, et qui est obligé de pleurer pour se faire entendre. Comme l'écrit le Québécois Léandre Bergeron[88], « *nous, adultes, utilisons le cri vraiment en dernier recours, quand on est coincé dans une situation où la panique nous prend. Le bébé fait de même. S'il pleure, c'est que tous les autres moyens subtils qu'il a utilisés pour faire savoir son état n'ont pas été compris et que, maintenant paniqué, il utilise le seul moyen qui lui reste, le cri de détresse et de désespoir, les pleurs* ».

88. *Petit manuel de l'accouchement à domicile,* VLB Éditeur.

Evelin Kirkilionis explique quant à elle qu'« *un nourrisson qui s'éveille commence à pleurer seulement lorsque, après avoir émis un son bref pour attirer l'attention, il ne perçoit aucun signe de présence de la part de ses parents. Ce besoin de présence se manifeste plus souvent que les parents ne peuvent le comprendre, car rien d'inquiétant ne semble menacer le nourrisson. En fait, ce qui l'inquiète, ce sont le silence et la solitude* »[89].

On pourrait dire que les pleurs, c'est la grosse artillerie !

Comme le dit la psychologue Oumou Diodo Ly en parlant des mères sénégalaises avec leurs bébés, « *si parfois on a l'impression que cette réponse (aux pleurs) anticipe le besoin, cela est peut-être dû au fait que la mère est au maximum à l'écoute de son nourrisson et perçoit, avant quiconque, ses besoins* »[90].

---

89. Thèse de doctorat, Université de Fribourg, 1990.
90. Oumou Diodo Ly, « Le bébé africain : du dos de la mère aux bras des substituts », in *Les Rituels du coucher de l'enfant*, ESF éd., 1993.

Un bébé qui pleure, c'est bien souvent un bébé qui n'est pas materné de façon à ce qu'il n'ait pas besoin de pleurer.

Un bébé qui pleure, c'est bien souvent un bébé auquel on ne répond pas quand il appelle.

Alors oui, on peut faire en sorte que les bébés aient moins « besoin » de pleurer.

J'espère en tout cas vous avoir donné dans ce petit livre à la fois des outils pour éviter que votre bébé pleure, ou pour le consoler s'il pleure. Ainsi que des arguments à répondre à tous ceux qui ne manqueront pas de vous dire : « Arrête de le prendre dans les bras, il peut bien pleurer un peu », « Tu vas en faire une mauviette, qui ne supportera aucune frustration », « C'est un caprice, il te manipule », « C'est pas si grave… moi, je n'en suis pas mort », « Tu es une mère possessive qui veut être toute-puissante»[91], «Il a peut-être besoin de pleurer», etc.

91. D'après la psychothérapeute Anaïs de Tinguy-Simon, ce serait tout l'inverse. Voici ce qu'elle déclarait lors d'une conférence donnée en 2005 : « *Pour moi, et selon mon expérience de plus de trente ans de périnatalité, la "mère possessive" est une mère qui laisse pleurer son bébé les premiers mois de sa vie, créant ainsi des manques maternels chez l'enfant qui, dès qu'il pourra, sera en demande et en dépendance de sa mère. Et cette mère, culpabilisée de son premier comportement, essaiera de remplir ces manques qui auront du mal à être "comblés" ! La dépendance à ce genre de mère peut durer jusqu'à la mort, sauf si ce bébé, une fois adulte, décide de "couper" cette dépendance, ce qui demande un certain travail sur soi !* »

Petite bibliographie

Bacus Anne, *Bébé pleure, que faire ?*, Marabout, 2003.

Cohen Haïm, *Tu ne laisseras point pleurer*, Stock, 2006.

Deacon Caroline, *Bébé calme,* Marabout, 2005.

Didierjean-Jouveau Claude-Suzanne, *Pour une parentalité sans violence*, Éditions Jouvence, 2002.

Didierjean-Jouveau Claude-Suzanne, *Le Cododo : pourquoi, comment*, Éditions Jouvence, 2018.

Didierjean-Jouveau Claude-Suzanne, *Porter bébé,* Éditions Jouvence, 2018.

Gerhardt Sue, *Why love matters : how affection shapes your baby's brain*, Brunner Routledge, New York and Hove, 2004.

Hayes Eileen, *Pleurs et Réconfort*, Pearson pratique, 2006.

Hunt Jan, *La Véritable Nature de l'enfant*, L'instant présent, 2007.

Israël Jacky, *Bébé pleure, laisse-le pleurer !*, coll. Même pas vrai, Érès, 2004.

Jackson Deborah, *Lorsque bébé pleure. 10 règles pour apaiser les angoisses du nourrisson et de ses parents*, Pocket, 2006.

Karp Harvey, *Le Plus Heureux des bébés. Une nouvelle méthode pour calmer les pleurs et favoriser le sommeil de votre bébé*, éditions AdA, 2003.

Liedloff Jean, *Le Concept du continuum. La recherche du bonheur perdu*, éditions Ambre, 2006.

Paroissien Emmanuelle, *10 astuces de parents pour calmer un bébé qui pleure*, Fleurus, 2006.

Rijt Hetty (van de), Frans X. Plooij, *Pourquoi pleurent-ils ? Comprendre le développement de l'enfant, de la naissance à 1 an*, Albin Michel, 1997.

Sears William (Dr), *Que faire quand bébé pleure*, LLLI, 2002.

Sears William (Dr), *Sept choses que les parents doivent savoir à propos des pleurs des bébés*, https://www.lllfrance.org/vous-informer/fonds-documentaire/autres-textes/1508-les-pleurs-de-bebe-par-le-dr-sears

Solter Aletha, *Pleurs et colères des enfants et des bébés. Comprendre et répondre aux émotions de son enfant* , Éditions Jouvence, 2015.

Sunderland Margot, *La Science de l'enfant heureux : Épanouir son enfant grâce aux découvertes sur le cerveau, De Boeck, 2017.*

De la même autrice aux Éditions Jouvence

Le Cododo : pourquoi, comment

Répondre aux besoins de l'enfant la nuit aussi

Votre bébé rencontre des problèmes de sommeil et vous êtes vous-même épuisé(e) par ses réveils nocturnes ? Et si vous adoptiez la pratique du sommeil partagé ? Cet ouvrage saura vous convaincre, abordant la réalité du sommeil des bébés, les bienfaits du cododo, son universalité, mais aussi bien entendu les précautions à prendre.

96 pages • Prix : 4,95 €

Porter bébé

Avantages et bienfaits

Premier livre français sur le sujet, l'ouvrage, nourri d'études et de l'expérience de parents, aborde l'historique du portage, ses multiples bienfaits (confort, lien mère-enfant, développement psychomoteur…) et la façon dont il facilite la vie quotidienne.

96 pages • Prix : 4,95 €

Dépôt légal : novembre 2020
Achevé d'imprimer en octobre 2020
Imprimé en Pologne par Booksfactory